Hellmut Hannes

Auf den Spuren Theodor Fontanes in Swinemünde

Hellmut Hannes

Auf den Spuren Theodor Fontanes in Swinemünde

Ein Stadtrundgang durch Świnoujście

THOMAS HELMS VERLAG

Bibliografische Information der Deutschen Nationalbibliothek
Die Deutsche Nationalbibliothek verzeichnet diese Publikation in der Deutschen Nationalbibliografie; detaillierte bibliografische Daten sind im Internet über *http:dnb.ddb.de* abrufbar.

Bildnachweis:
Sammlung R. Meyer-Wandel, Lübeck, S. 27, 38;
Sammlung Dr. J. Pluciński, Świnoujście, S. 20;
alle übrigen Bildvorlagen aus der Sammlung des Verfassers.

Wallstraße 46, D-19053 Schwerin
0385TEL564272 • 0385FAX564273
thv@thv.de • www.thv.de •

Gesamtherstellung THV Schwerin

ISBN 978-3-940207-24-1

www.thv.de

Bq. 2019

Inhalt

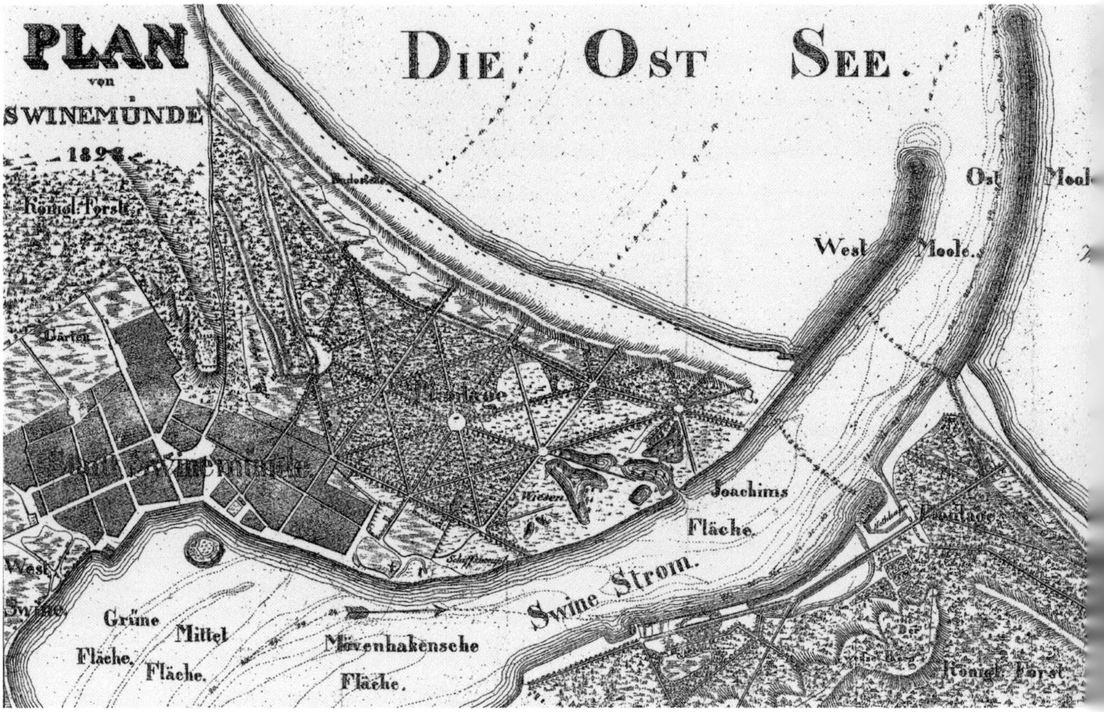

Swinemünde, Plan von 1828

Theodor Fontane und Swinemünde

Fünf Jahre seiner Kindheit, die Jahre 1827 bis 1832, verbrachte Theodor Fontane in der pommerschen Hafenstadt Swinemünde. Sein Vater Louis Henri Fontane hatte dort die Adlerapotheke erworben. Die Erinnerung an diese Jahre ist in mehrere Werke Fontanes eingegangen, vor allem natürlich in seinen 1893 erschienenen autobiographischen Roman »Meine Kinderjahre«, aber auch in den fast gleichzeitig entstandenen Roman »Effi Briest«. In letzterem ist der fiktive Ort *Kessin*, wo sich ein großer Teil der Handlung abspielt, mit seiner Topographie, besonderen Örtlichkeiten und Verhältnissen der Stadt Swinemünde nachgebildet. Auch tragen zahlreiche Figuren dieses Romans die Namen von Swinemünder Persönlichkeiten aus Fontanes Jugendzeit. Und auch Schauplätze des Romans »Graf Petöfy« weisen unverkennbar Züge von Swinemünde auf. So beschreibt Franziska, eine der Hauptfiguren dieses Romans, im neunten Kapitel geradezu enthusiastisch ihren Geburtsort, eine *kleine Hafen- oder Badestadt an der Ausmündung der Oder.*

In der erst um die Mitte des 18. Jahrhunderts gegründeten Stadt Swinemünde gab es bis 1945 noch viele Stätten, die mit Theodor Fontane und seinem literarischen Werk in engem Zusammenhang standen. Vieles davon ist bei dem vernichtenden Luftangriff am 12. März 1945 zerstört worden, anderes in der Nachkriegszeit im Zuge der Wiederaufbaumaßnahmen in der nun polnischen Stadt Świnoujście verschwunden. Dennoch sind auch heute noch etliche Gebäude oder Örtlichkeiten, die mit der Swinemünder Zeit Fontanes oder mit Schilderungen in einem seiner Werke im Zusammenhang stehen, erhalten. Allerdings sind sie für einen Ortsfremden kaum zu finden, es bedarf schon der Hilfe eines mit dem Swinemünde der Vorkriegszeit vertrauten Einheimischen – und zu diesen zählt der Schreiber dieser Zeilen.

Adlerapotheke, Kirche und Schule

Gegenüber der ursprünglich evangelischen, jetzt katholischen Christuskirche (Kościoł Chrystusa Króla), die in unmittelbarer Nähe des Kleinen Marktes (Plac Wolności) liegt, stand an einer Straßenecke die einstige Adlerapotheke, das Fontane-Haus.

Das alte, bereits aus dem 18. Jahrhundert stammende Gebäude blieb bis in die Mitte des 20. Jahrhunderts erhalten. Die Adlerapotheke jedoch

Das »Fontane-Haus«, die einstige Adlerapotheke in Swinemünde, Zustand vor 1900

wurde schon 1856 unter ihrem damaligen Besitzer von ihrem alten Platz (Kleiner Markt 9) in ein Haus schräg gegenüber (Kleiner Markt 7) verlegt, wo sie bis 1945 bestehen blieb.[1] Im Gebäude der einstigen Adlerapotheke befand sich zuletzt eine Feinkosthandlung. Bis auf einige Veränderungen der Fensterfront im Bereich des Ladengeschäftes bot sich jedoch im wesentlichen noch der Anblick der Fontane-Zeit.

Das Haus existiert leider nicht mehr, es wurde 1955 abgerissen und an seiner Stelle steht jetzt ein Wohn- und Geschäftsblock. Am dem Standort der Adlerapotheke ist 1998 auf Betreiben des damaligen Direktors des

[1] Vgl. Deutsche Apotheker-Zeitung Nr. 22 (1937). S. 1144–1145.

Museums von Świnoujście, Dr. Józef Pluciński, eine Tafel zum Gedenken an Schriftsteller und Dichter Theodor Fontane angebracht worden. Sie zeigt ein nach einem bekannten Porträt des Dichters in Kupfer getriebenes Relief und weist in polnischer und deutscher Sprache auf die Bedeutung des Ortes hin: *Tutaj, w latach 1827–1832 mieszkał wybitny*

Gedenktafel für Theodor Fontane am Ort der einstigen Adlerapotheke

niemecki pisarz i poeta / Hier wohnte von 1827 bis 1832 der bedeutende deutsche Schriftsteller und Dichter / Theodor Fontane / 1819–1898.

Auch in der Zeit vor 1945 war das Haus durch eine Tafel gekennzeichnet gewesen. Ferner hatte man den Dichter durch die Benennung eines Lyzeums als »Fontane-Schule« geehrt, und auch eine Straße, die heutige Wojciecha Bogusławskiego, trug seinen Namen. Das Schulgebäude in der Roonstraße (Gabriela Narutowicza) hat den Krieg überdauert und wird noch als solches genutzt.

Als das Fontane-Haus noch stand, wird sich beim Anblick des zwar hohen, aber doch nicht *endlos aufsteigenden Dach*[es] mancher Swinemünder gefragt haben, wie denn darunter *nicht weniger als fünf Böden* übereinander Platz gehabt haben sollen, und derselbe Gedanke mag sich beim Betrachten alter Bilder einstellen. In Wahrheit waren es vielleicht nur drei, wovon der oberste nur aus einem Brett, dem *dicht unter dem Dachfirst hinlaufenden Glas- und Krukenboden*, bestand. Bei den restlichen könnte es sich um abgeteilte Verschläge gehandelt haben, die verschiedene Vorräte für den Apothekenbedarf wie Heilkräuter, Salben und ähnliches bargen.[2]

In seinen Kindheitserinnerungen erwähnt Fontane im Kapitel »Unser Haus, wie wirs vorfanden« auch die Tatsache, dass zum Hauswesen *natürlich Pferde-, Kuh- und Schweineställe* gehörten. Von der Vorliebe des alten Fontane für Pferde ist dann mehrfach die Rede, und ebenso vom herbstlichen Schweineschlachten. Die Haltung von Kühen wird nur dadurch angedeutet, dass die Familie Fontane in *Sommertagen wegen überreichen Milchertrages wochenlang im Zeichen von Milchsuppe stand.*[3] Dazu sei bemerkt, dass es einen wohl weithin unbekannten, aber sicheren Beweis dafür gibt, dass im Hause auch Kühe gehalten wurden. Der alte Geheimrat Krause, von dem noch zu reden sein wird, berichtet nämlich seinem in Kolbatz lebenden Sohn Karl in einem Brief vom 21. Februar 1832 vom *Ankauf von zwei großen schwarzbunten Kühen, davon die eine 5, die andere 6 Jahre alt ist* [...] *Die kleinere davon – so versicherte mir* [Louis] *Fontane, von dem ich sie gekauft, auf seine Ehre, – habe, da sie frischmilchend gewesen, täglich 18 Quart sehr fette Milch gegeben.*[4]

Die väterliche Apotheke spielt nicht nur in »Meine Kinderjahre« eine bedeutende Rolle, sondern sie hat auch in »Effi Briest« – als die *Mohrenapotheke* – eine gewisse Resonanz gefunden. Über den im Roman gewählten Namen des Apothekers Gieshübler wird – im Zusammenhang mit den realen Besitzverhältnissen der Adlerapotheke – an späterer Stelle einiges zu sagen sein.[5]

[2] FONTANE, Theodor: Meine Kinderjahre. Viertes Kapitel. S. 36. (Seitenangaben beziehen sich auf die der Digitalen Bibliothek zugrunde liegende Ausgabe: Theodor Fontane, Sämtliche Werke. Bd. 14. Hg. von Edgar Groß, Kurt Schreinert, Rainer Bachmann, Charlotte Jolles, Jutta Neuendorff-Fürstenau, Bd. 1–25. München 1959–1975). Vgl. dazu auch: LANGE, Karl und Irmgard: Fontane und Swinemünde, sowie Swinemünde um 1850, Tagebuchauszüge der Frau Anna Fischer. Beides in: Swinemünde. Schicksal einer deutschen Stadt. Flensburg 1965, S. 94 und 102.

[3] Meine Kinderjahre, wie Anm. 2. Neuntes Kapitel. S. 80.

[4] BURKHARDT, Robert: Glück und Ende des Königs von Swinemünde. Swinemünde 1931. S. 29.

[5] Siehe unten im Abschnitt: Personennamen in *Kessin* und Swinemünde.

Bei der der Apotheke gegenüber liegenden Kirche handelt es sich um dieselbe, die Fontane in seinen Kindheitserinnerungen als einen *scheunenartigen Bau mit hohen Fenstern* bezeichnet. Tatsächlich war sie schon 1792 in sehr schlichter Form und ohne Turm errichtet worden. Diesen erhielt sie erst bei einem Umbau im Jahre 1881.

An der Christuskirche beziehungsweise am Standort der einstigen Adlerapotheke endet die lange, vom südlichen Stadtrand kommende

Christuskirche in Swinemünde, Zustand vor 1881

Große Kirchenstraße (Grunwaldzka). Diese Straße ist es, durch welche die Familie Fontane im Sommer 1827 nach Swinemünde einzog und *nach Passieren etlicher Querstraßen einen großen, merkwürdig geformten Platz erreichte.* Tatsächlich mündet die Straße bei der Kirche auf einen sich erweiternden Platz, den Kleinen Markt (Plac Wolności), das heutige Stadtzentrum. Fontane beschreibt ihn seinerzeit als einen *halb kahl, halb hoch im Grase stehenden* [Platz], *ganz nach Art einer dörflichen Gänsewiese.*[6]

[6] Alle Zitate in diesem und im vorigen Abschnitt in: Meine Kinderjahre, wie Anm. 2. Drittes Kapitel. S. 32.

In der Nähe der Kirche, Ecke Färberstraße (Żymierskiego Michała)/Schulstraße (Konstitucji 3. Maja), befand sich die Stadtschule, die damals einzige Schule der Stadt, die auch von den Kindern der »niederen Klassen« besucht wurde. Fontane nahm nur ganz zu Beginn seiner Swinemünder Zeit am Unterricht teil, bis zur Ankunft seiner erst einige Monate später eintreffenden Mutter. Diese war, als sie ihren Sohn *mit den Holzpantoffeljungens aus der Schule kommen sah, außer sich* und mel-

Das 1823 erbaute Schulhaus, nach der Aufstockung, vor 1945

dete ihn noch am gleichen Tage ab.[7] Das alte Schulgebäude bestand noch bis in den Zweiten Weltkrieg hinein und wurde auch als Schule genutzt. Zu Fontanes Zeiten besaß der Bau allerdings noch kein voll ausgebautes Obergeschoss. Es wurde erst kurz nach seinem Weggang aus Swinemünde vollendet. Danach wurden keine Umbauten mehr vorgenommen.[8] Heute stehen an jener Ecke mehrere Hochhäuser.

[7] Meine Kinderjahre, wie Anm. 2. Dreizehntes Kapitel. S. 122.
[8] BURKHARDT, Robert: Geschichte des Hafens und der Stadt Swinemünde. II. Teil: Seit dem Jahre 1806. Swinemünde 1931. S. 490.

Am Bollwerk

Nicht weit von der Adlerapotheke befand sich das Ufer der Swine, jener Wasserstraße, die das Stettiner Haff mit der Ostsee verbindet. Wie Fontane in seinen Kindheitserinnerungen erzählt, gelangte man durch *eine an unserer Hausecke beginnende Querstraße* [...] *an den »Strom«, wie die Swine regelmäßig genannt wurde.*[9] Es war die Kleine Kirchenstraße (Marynarzy), die nach kaum hundert Metern an der sich am Wasser entlangziehenden Uferstraße endet. Die Benennung der hier überaus breiten, recht behäbig dahinfließenden Swine als »Strom« war bei den Einheimischen nicht nur damals, sondern noch hundert Jahre später allgemein üblich und keineswegs »reichlich übertrieben«.[10] So wird die Swine von Fontane, der ja seinerzeit auch dort einheimisch war, in »Meine Kinderjahre« fast niemals als »Fluss«, sondern nahezu ausschließlich als Strom bezeichnet.[11] Anders dagegen im Roman »Effi Briest«, wo von der die Stelle der Swine vertretenden *Kessine* durchweg als Fluss oder Flüsschen die Rede ist.

Die längs des Swineufers verlaufende Straße hieß in Swinemünde das »Bollwerk«, ein Begriff, der nicht nur in Fontanes Kindheitserinnerungen, sondern in etlichen anderen seiner Werke immer wieder erscheint, vor allem in »Effi Briest«, aber auch in etlichen anderen Romanen.

Im Jahr 1826, also kurz vor dem Eintreffen der Fontanes in Swinemünde, war dort die erste Dampfschiffsverbindung eingerichtet worden. Täglich verkehrte in den Sommermonaten die Kronprinzessin Elisabeth über die Swine, das Stettiner Haff und die Oder zwischen Swinemünde und Stettin.[12] Für den jungen, aus dem Binnenland kommenden Fontane war das etwas ganz Besonderes: *Ich sehe mich noch am Bollwerk stehen und auf das Anlegen der Kronprinzessin Elisabeth, des von Stettin kommenden Dampfers, warten, der täglich die Zeitungen mitbrachte.*[13]

Diese Eindrücke haben sich auch in »Effi Briest« niedergeschlagen, wobei die Kronprinzessin Elisabeth zur *Phönix*, die Swine zur *Kessine*

[9] Meine Kinderjahre wie Anm. 2. Sechstes Kapitel. S. 52.

[10] OHFF, Heinz: Theodor Fontane, Leben und Werk. München 1995. S. 33.

[11] Die Bezeichnung »Swine-Strom« findet man auch auf den deutschen Stadtplänen.

[12] HANNES, Hellmut: Historische Ansichten von Swinemünde und vom Golm. Schwerin 2001. S. 33.

[13] Meine Kinderjahre wie Anm. 2. 12. Kapitel. S. 113.

und das Haff zum *Breitling* wurde, ein Name, der von einer haffartigen Ausbuchtung der Warnow bei Rostock entlehnt ist. Bei der Schilderung der Reise des jungvermählten Paares Innstetten nach *Kessin*, die im November und darum ganz auf dem Landwege vor sich ging, wird auch die Möglichkeit der Schiffsreise erwähnt:

Das obere Bollwerk in Swinemünde. Stahlstich von Rosmäsler, 1837

Bei Sommerzeit [...] *benutzte man statt der Chaussee lieber den Wasserweg und fuhr auf einem alten Raddampfer das Flüßchen Kessine* [...] *hinunter; am 1. Oktober aber stellte der* PHÖNIX [...] *regelmäßig seine Fahrten ein.*[14]

Und als sich später Innstetten zum Duell nach *Kessin* begibt, heißt es:

So fuhren sie den Fluß hinab und bald nachdem sie die prächtige Wasserfläche des »Breitling« passiert, kam der Kessiner Kirchturm in Sicht und gleich danach

[14] FONTANE, Theodor: Effi Briest. Sechstes Kapitel. S. 45. (Die Seitenangabe bezieht sich auf die der Digitalen Bibliothek zugrunde liegende Ausgabe: Theodor Fontane, Romane und Erzählungen in acht Bänden. Bd. 7. Herausgegeben von Peter Goldammer, Gotthard Erlor, Anita Golz und Jürgen Jahn. Berlin und Weimar 1971).

das Bollwerk und die lange Häuserreihe mit Schiffen und Booten davor.[15] In »Meine Kinderjahre« ist dem Bollwerk und den am oder auf dem Strom erlebten Abenteuern ein besonders breiter Raum gewidmet, trägt doch eines der Kapitel den Titel: »Wie wir draußen spielten an Strom und Strand.« Das vielfältige Leben am »Bollwerk«, jener *Uferstraße, wie sie nicht poetischer gedacht werden konnte*, hat den jungen Fontane stark beeindruckt. Das Bollwerk war der Schauplatz zahlreicher in »Meine Kinderjahre« beschriebener Knabenspiele, Erlebnisse und Begebenheiten. In diesem Bereich lagen, so erzählt Fontane, *die hier festgelegten und ihrer Obermasten entkleideten Schiffe, oft drei hintereinander, also bis ziemlich weit in den Strom hinein. Uns hier am Bollwerk herumzutummeln und auf den ausgespannten Tauen, so weit sie dicht über den Erdboden hinliefen, unsere Seiltänzerkünste zu üben, war uns gestattet und nur eines stand unter Verbot: Wir durften nicht auf die Schiffe gehen und am wenigsten die Strickleiter hinauf bis in den Mastkorb klettern.* Trotz dieses Verbotes wurden die Schiffe von den Jungen als besonders reizvoller Spielplatz betreten und ein von Fontane in allen Einzelheiten dramatisch geschildertes Abenteuer nahm denn auch fast einen unglücklichen Ausgang.[16]

Gerade dort, wo jene *Querstraße*, die Kleine Kirchenstraße (Marynarzy), auf das Bollwerk trifft, ist noch eine der von Fontane mehrfach erwähnten »Klappen« zu sehen, von denen noch mehrere erhalten sind. Darunter sind schräge Absenkungen der Uferbefestigung bis fast zum Wasserspiegel zu verstehen, die kleineren Booten zum Anlegen dienen mochten. Auch konnte man damals an den Klappen *von früh morgens an die Mädchen wäschespülend bei der Arbeit*[17] sehen.

Das nahe gegenüberliegende Ufer ist an dieser Stelle nicht etwa die andere Seite der Swine, sondern gehört zu einer im Strom gelegenen künstlichen Insel, der »Grünen Fläche«. Sie bestand ursprünglich nur aus einer flachen, mit spärlichem Grün bewachsenen Sandbank. Gerade

[15] Ebenda. Achtundzwanzigstes Kapitel. S. 250. Übrigens hat Fontane für seinen Roman nicht nur den Namen »Breitling« von jenem Gewässer bei Rostock übernommen, sondern auch die Bezeichnung eines an ihm gelegenen Waldgebietes, das – damals wie heute – »Der Schnatermann« genannt wird. Vgl. »Effi Briest« wie Anm. 14. Dreizehntes Kapitel. S. 111.

[16] Meine Kinderjahre wie Anm. 2. Fünfzehntes Kapitel, S. 154.

[17] Ebenda. Sechstes Kapitel. S. 52.

während der Swinemünder Zeit Fontanes hatte man begonnen, mit einem *englischen Dampfbagger* [...] *das Fahrwasser zu verbessern und dessen aus der Tiefe heraufgeholte Erd- und Schlickmassen an einer flachen Stelle des Stromes aufzuschütten, um hier eine künstliche Insel entstehen zu lassen, die schon ein paar Jahre später hoch in Rohr und Schilf stand.*[18] Nicht zu Unrecht vermutete Fontane beim Schreiben seiner Erinnerungen im Jahr 1892, dass die Insel *jetzt wahrscheinlich Häuser und Etablissements der Marinestation trägt.* Tatsächlich befinden sich heute dort Gebäude der polnischen Marine in Verbindung mit hier liegenden Flotteneinheiten. Die einstige Insel ist allerdings durch einen Damm zur Halbinsel geworden und heißt Połwysep zieliny, was Grüne Halbinsel bedeutet, ein Name, der an die frühere deutsche Bezeichnung anknüpft.

Nicht nur der *englische Dampfbagger*, sondern auch dessen schottischer Führer hat auf den jungen Fontane einen großen Eindruck gemacht, denn er gedenkt seiner sogar im Zusammenhang mit seiner späteren Reise nach Schottland. Bei der Niederschrift von »Meine Kinderjahre« erinnert er sich: *Halbe Stunden lang sah ich, wenn ich konnte, der Arbeit des englischen Baggers zu, dessen Ingenieur, ein alter Schotte namens MacDonald, mein besonderer Gönner war. Daß ich, ein Menschenalter später, seinen schottischen Clan bereisen und* [...] *unter Führung eines MacDonald an die Stelle treten würde, wo* [...] *Königin Macbeth begraben liegt – wer mir das damals gesagt hätte!*[19]

Den MacDonald aus seiner Knabenzeit lässt Fontane sogar in »Effi Briest« wieder aufleben, nämlich als den *Maschinen- und Baggermeister Macpherson, einen richtigen Schotten und Hochländer*, dessen Garten dem des Innstettenschen Hauses benachbart war.[20]

[18] Ebenda. S.53.

[19] Ebenda. S. 54.

[20] Effi Briest wie Anm. 14. Sechstes Kapitel. S. 48.

Rathausplatz und »Ressourcenhotel«. Der Mordfall Mohr

Wendet man sich nun am Bollwerk stromabwärts, so kommt man in den belebteren Teil des Hafens. Dort konnte man sich, so erinnert sich Fontane, *dem Lauf des Flusses folgend Schritt für Schritt an den sich darbietenden Bildern erquicken.*[21] Inmitten dieses Uferbereiches befindet sich das historische Rathaus, eines der ganz wenigen Gebäude, die sich aus den ersten Jahrzehnten des 19. Jahrhunderts bis auf den heutigen Tag erhal-

Das historische Rathaus aus dem Jahre 1806, Zustand 2004

ten haben. Hinter einem Vorplatz, dem Rathausplatz (Plac Rybaka) liegend, tritt es gegenüber der unmittelbar am Bollwerk stehenden Häuserfront zurück. Seine äußere Form hat es seit der Fontanezeit fast unverändert bewahrt. Das aufgesetzte Türmchen mit der Uhr entstand allerdings erst 1839, also einige Jahre nachdem Fontane Swinemünde schon verlassen hatte.[22]

Vom Rathaus und dem Rathausplatz ist in »Meine Kinderjahre« ausgiebig die Rede, nämlich im Zusammenhang mit dem Mordfall *Mohr.*

[21] Meine Kinderjahre wie Anm. 2. Sechstes Kapitel, S. 52.

[22] Näheres bei HANNES, Hellmut, wie Anm. 12. S. 74.

Das Verbrechen, auf das Fontane sich im Kapitel »Was wir in Haus und Stadt erlebten« bezieht, hatte sich bereits etliche Wochen vor seiner Ankunft in Swinemünde ereignet. Es war der Mord an einer Witwe Wergin – bei Fontane *Witwe Lassahn* genannt – und ihrer Nichte durch den Schiffer Karl Mohr und seine Ehefrau im April 1827. Das Haus, in welchem sich die Wohnung der Witwe befand, stand auch am Rathausplatz (Plac Rybaka), einer Giebelseite des Rathauses gerade gegenüber. Natürlich war der Vorfall beim Eintreffen der Fontanes noch Stadtgespräch. Der junge Fontane hörte davon aus dem Munde des Kutschers Ehm, der die Geschichte mit den Worten schloss: *Ja, so war das mit Mohr und seiner Frau. Die sind nu beid in Prison* [...]. Das Gefängnis befand sich im Rathaus, und Fontane erzählt davon, wie er *bei Dunkelwerden an dem mit Eisentraillen versehenen Rathausgefängnis vorüberging*, um den hinter Gittern sitzenden Mörder zu sehen.[23]
Erst im Jahr darauf erfolgte die Verurteilung, und das Mohrsche Ehepaar wurden unter dem Gefolge der Bürgerschaft zur Hinrichtung geführt. Vater Fontane war *als großer stattlicher Mann und 1813er ausersehen, an der Spitze der bewaffneten Bürgerschaft zu marschieren und draußen vor Beginn der Exekution, das Schafott mit seinen Leuten kreisförmig zu umstellen.* [...] *Wir Kinder schlichen uns bis in die Nähe des Rathausplatzes, von wo aus der Zug sich alsbald in Bewegung setzte* [...]. *Wie die Letzten außer Sicht waren, zogen wir uns in unser Haus zurück.*[24]
Diese Ereignisse hatten bei dem damals neunjährigen Fontane einen tiefen Eindruck hinterlassen. Sie blieben für ihn *das große Stadtereignis*, und vor jenem Haus am Rathausplatz behielt er lange eine gewisse Scheu. So berichtet er: *Jahrelang hatte das kleine Staketenzaunhaus, drin der Mord geschehen war, leer gestanden* [...]. *Da, im Sommer 30, als ich bei untergehender Sonne mit meinem Papa vom Seebade zurückkam und bei der Gelegenheit auch den Rathausplatz und das Staketenzaunhaus passierte, sah ich mit einem Male, daß die bis dahin geschlossenen grünen Jalousien aufgemacht und die kleinen Fenster des Wohnzimmers geöffnet waren. An einem derselben aber*

[23] Zitate zum Mordfall Mohr: Meine Kinderjahre wie Anm. 2. Elftes Kapitel. S. 101. Vgl. auch bei BURKHARDT, Robert wie Anm. 8. S. 233ff.

[24] Meine Kinderjahre wie Anm. 2. Elftes Kapitel. S. 102ff.

saß ein Gerichtsaktuarius, ein fideler Herr [...] *und blätterte* [...] *in einem vor ihm liegenden Aktenbündel.* [...] *Das Ganze war ein Bild äußersten Behagens. Ich wies darauf und sagte zu meinem Vater: »Das ist ja gerade die Stube ...« – »Ja, das ist die Stube«, wiederholte er, »mein Geschmack wäre es auch nicht.«*[25] Auch wenn Fontane in die Nähe der Stelle kam, *wo sie »Mohr und seine Frau« eingescharrt hatten*, erfasste ihn stets ein gelinder Schauder. Der Platz lag damals an einem entlegenen Ort in den Dünen, und das Grab blieb

Rathausplatz 3, um 1935

bis ins zwanzigste Jahrhundert hinein, auch im Bewusstsein der Swinemünder Einwohner, bestehen, bis es schließlich bei der Anlage eines Sportplatzes beseitigt wurde.[26] Es ist kaum zu bezweifeln, dass die Erinnerung an »Mohrs Grab« auch in »Effi Briest« als das »Grab des Chinesen« seinen Niederschlag gefunden hat.

Das Haus, in welchem einst jener Mord geschehen war, existiert nicht mehr, an seiner Stelle befindet sich jetzt ein Möbelgeschäft. Bis 1945 stand noch das alte Gebäude am Rathausplatz 3 (Plac Rybaka). Zuletzt

[25] Ebenda. S. 103ff..

[26] BURKHARDT, Robert wie Anm. 8. S. 234.

beherbergte es das sogenannte »Paradecafé« und hatte – wie bei vielen Swinemünder Restaurants üblich – einen laubenartigen Vorbau erhalten. Wohl unbemerkt blieb bislang die Tatsache, dass das alte Haus, wie Fontane es kannte, auf einer fast zeitgenössischen Lithographie erscheint, einem Souvenirblatt von Swinemünde aus dem Jahr 1843.[27] Es enthält etliche Medaillons, von denen eines das »Hotel Drei Kronen« zeigt, den einstigen Olthoffschen Gasthof.

Hotel »Drei Kronen«, ehemals Olthoffscher Gasthof, 1843; rechts daneben Rathausplatz 3

Damals hatte dieses Gebäude einen großen Anbau erhalten, dessen zum Rathausplatz hin gelegene Front oben von einem flachen Ziergiebel abgeschlossen wurde. An diese, noch heute vorhandene Seitenfront des Hotels schloss sich rechts, wie die Darstellung deutlich erkennen lässt, ein kleineres Gebäude mit einem mittleren Zwerchhaus, also einem Dachausbau, an: das Haus Rathausplatz 3, in welchem der Mord geschehen war. Davor ist noch der von Fontane erwähnte Staketenzaun zu sehen. Beim Vergleich mit der späteren

[27] Abbildung des gesamten Blattes bei HANNES, Hellmut wie Anm. 12. S. 73.

Fotografie ist trotz der vorgebauten Laube die alte, aus der Zeit Fontanes stammende Gebäudeform im oberen Bereich noch gut zu erkennen.

Der Olthoffsche Gasthof am oberen Bollwerk. Stahlstich von Rosmäsler, Ausschnitt, 1837

Das Hotel »Drei Kronen« befand sich am Bollwerk, an einer der mit dem Rathausplatz (Plac Rybaka) gebildeten Ecken. Es war der einstige, von Fontane mehrfach als *Ressourcensaal* bezeichnete Olthoffsche Gasthof, der auf dem Stahlstich des »Oberen Bollwerks« von Rosmäsler aus dem Jahr 1837 in der Bildmitte zu sehen ist. Wie angedeutet, behielt das Gebäude bis 1843 im wesentlichen das gleiche Aussehen, bekam aber dann den erwähnten Anbau.

Auch später wurde das Haus durch weitere An- und Umbauten verändert. So erhielt es in den 1850er Jahren eine neue Vorderfront mit einem charakteristischen polygonalen Eckturm. Auf diesen Turm und das inzwischen entstandene repräsentative Hotel nimmt Fontane in einem

Brief Bezug, den er am 24. August 1863 aus Heringsdorf an seine Frau Emilie schrieb.[28] Die Reise dorthin hatte ihn von Berlin über Stettin und von dort mit dem Dampfer zunächst nach Swinemünde geführt, wo er die Gelegenheit benutzte, die Stätten seiner Kindheit wiederzusehen. In dem »Hotel Drei Kronen«, in welchem er einmal übernachtete, erkannte er den Nachfolger des Olthoffschen Gasthofes aus seiner Knabenzeit und berichtete: *An der Stelle, wo ich (es war ein altes, wackli-*

Hotel »Drei Kronen« nach dem Umbau um 1850, Zustand frühes 20. Jahrhundert

ges Fachwerkhaus, drin die Ressource war) als 14jähriger Junge, angethan mit einem blauen Bastard von Frack und Jacke getanzt [...] *hatte, erhebt sich jetzt ein großes Hôtel mit* [...] *einem Eckthurm, ein Gasthaus, das in Erscheinung und Größe keinem Berliner etwas nachgiebt.*[29]
Auch auf der Photographie, die aus den ersten Jahrzehnten des 20. Jahr-

[28] FONTANE, Emilie und Theodor: Der Ehebriefwechsel 1857–1871. Große Brandenburger Ausgabe, Aufbau-Verlag Berlin, 1998. S.258-263. Während seines etwa einwöchigen Aufenthaltes in Heringsdorf wohnte Fontane in einem Hause am Rande des zur See abfallenden Kulmberges in einem Zimmer, aus dessen Fenster, wie er schreibt, der Blick durch Bäume hindurch auf das graue Meer poetisch und für Herz und Sinne unendlich wohltuend war. Dieses Haus ist bis heute als »Villa Fontane« in der Kulmstraße 25 erhalten und mit einer entsprechenden Hinweistafel versehen.

[29] Ebenda. S. 260.

hunderts stammen dürfte, ist übrigens im Hintergrund, unmittelbar an den Seitenflügel des Hotels anschließend, das Haus zu erkennen, in dem sich seinerzeit der Mord an der Witwe Wergin ereignet und sich dem jungen Fontane so nachhaltig eingeprägt hatte.
Auch in »Effi Briest« offenbart sich die Erinnerung an den Olthoffschen Gasthof bzw. das »Hotel Drei Kronen«, wenn Fontane den Silvesterball und auch das landrätliche Festmahl aus Anlass der Taufe von Effis Toch-

Das frühere Hotel »Drei Kronen«, 2007

ter Annie *in dem großen Ressourcen-Hotel am Bollwerk* stattfinden lässt. Man darf wohl vermuten, dass in diese Passagen nicht nur die Erinnerungen an die Kinderzeit, sondern auch die Eindrücke seines späteren Wiedersehens mit dem »Ressourcen-Hotel« eingeflossen sind.
Das Gebäude des Hotels »Drei Kronen« ist erhalten, wenngleich ohne den polygonalen Turm und auch sonst nicht in der einstigen Pracht. Immerhin ist jene 1843 entstandene, zum Rathausplatz (Plac Rybaka) hin gelegene Front vorhanden, und die Stelle, an der früher der jetzt verschwundene Turm ansetzte, verrät sich noch durch die hier abgeschrägte Ecke der Fassade. Bei allen Veränderungen führt also immer noch eine Spur zurück zu dem längst verschwundenen »Olthoffschen Gasthof«.

Die Häuser der Familie des Senators Krause

An die stromabwärts gelegene Seite des Rathausplatzes (Plac Rybaka), schließt sich heute eine Grünanlage an. Früher befand sich hier ein Häuserblock, der an drei Seiten durch den Rathausplatz, das Bollwerk und die Lindenstraße (Armii Krajowej) begrenzt wurde. Die vierte Seite wurde durch ein langgestrecktes, mit einer Giebelseite zum Wasser gewandtes Gebäude eingenommen, einem Haus, das im Zusammenhang mit Fontane von besonderer Wichtigkeit war.

Bollwerkspartie, 1823, Stich von Johann Poppel, mittig die »Krauseschen Häuser«

Es war eines der beiden Wohnhäuser der Swinemünder Kaufmannsfamilie Krause, von der in »Meine Kinderjahre« viel die Rede ist. Das Gebäude, einst eines der ältesten der Stadt, ist seit dem Zweiten Weltkrieg verschwunden. Es war schon 1838 von der Familie Krause an den Zollfiskus veräußert worden und beherbergte bis zuletzt das Hauptzollamt.[30]

In unmittelbarer Nähe befand sich auch ein zweites Haus der Krauses, nämlich in der Lindenstraße 1 an der Ecke Königsstraße (Bolesława Chrobrego). Beide Straßen treffen hier auf das Bollwerk, so dass auch dieses einstmals

[30] BURKHARDT, Robert, wie Anm. 8. S. 139 ff.

Krausesche Haus nicht weit vom Swineufer entfernt lag. Im Gegensatz zum ersten steht es heute noch, nunmehr an der Ecke Lindenstraße (Armii Krajowej)/Königsstraße (Bolesława Chrobrego). Da die Lindenstraße im spitzen Winkel zum Bollwerk verläuft, ist hier die Frontseite des Hauses zum Wasser gewandt. Dieses Gebäude, das in den frühen 1820er Jahren entstand, ist trotz einiger baulicher Veränderungen in seiner Grundform erkennbar geblieben.

Haus des Senators Friedrich Wilhelm Krause, erbaut um 1803, um 1935. In diesem Haus ist Theodor Fontane als Knabe ein- und ausgegangen. 1838–1945 Sitz des Hauptzollamts

In »Meine Kinderjahre« sind im Kapitel »Die Krauses« beide Häuser erwähnt. Unter den »Krauses« ist die Familie des Senators und *Geheimen Kommerzienrats* [Friedrich-Wilhelm] *Krause zu verstehen, der meistens der »alte Geheimrat« oder auch nur kurzweg der »alte Krause« genannt* [wurde]. Außer von ihm selbst spricht Fontane von seinen Söhnen Wilhelm und Eduard Krause, beide ebenfalls Kaufleute und Kommerzienräte. Eines von den beiden Häusern berührt Fontane nur flüchtig als das des jüngeren Bruders Eduard, *der wie ein Adlatus des erheblich älteren Bruders wirkte.* Dem anderen Haus hingegen, welches vom Kommerzienrat Wilhelm Krause und seiner Familie bewohnt wurde, widmete Fontane mehr

Raum und beschrieb auch die innere Einrichtung sehr ausführlich. Dort ging er als Knabe oft ein und aus, denn er war mit dem Sohn des Hausherrn, dem etwa gleichaltrigen Wilhelm Krause junior, befreundet und nahm auch an dem durch einen Hauslehrer gegebenen Unterricht teil. Dabei lernte er auch Wilhelms Schwester Minna Krause kennen, die etliche Jahre später seine erste Jugendliebe wurde.[31]
Um welches von den beiden Krauseschen Häusern handelt es sich nun bei

Giebel des Krauseschen Hauses am Bollwerk. Hinter den oberen Fenstern befand sich das vom jungen Fontane so bewunderte »physikalische Kabinett«, um 1910

dem jetzt noch bestehenden Gebäude? Oder anders ausgedrückt: War der junge Fontane seinerzeit in dem heute noch vorhandenen Haus ein und aus gegangen oder in dem leider nicht mehr erhaltenen Gebäude, in dem sich zuletzt das Hauptzollamt befand? Diese Frage ist nach fester Überzeugung des Verfassers abweichend von der vorherrschenden Meinung zu beantworten, nach welcher es das noch bestehende Gebäude in der ehemaligen Lindenstraße 1 (Armii Krajowej) war, von dem in »Meine Kinderjahre« so viel die Rede ist.

[31] Vgl. z. B. bei VAHLEFELD, Elsbeth: Theodor Fontane in Pommern und den östlichen Provinzen Preußens. Schwerin 2007. S. 34.

In illustrierten Ausgaben des Buches ist stets nur dieses Haus abgebildet, nach einer Photographie aus dem späten 19. Jahrhundert.[32] Damit wird der Anschein erweckt, es handle sich dabei um das Fontane viel näher stehende, von ihm so genau beschriebene Wohnhaus des älteren Bruders Wilhelm. Der mit der Geschichte der Stadt Swinemünde eng vertraute Heimatchronist Robert Burkhardt (1874–1954) bezeichnet das Haus Lindenstraße 1 (Armii Krajowej) sogar explizit als das von

Das zweite »Krausesche Haus«, Lindenstraße 1, in dem der jüngere Sohn Eduard Krause wohnte. Erbaut um 1820, Foto um 1880

Fontane so eingehend beschriebene Gebäude.[33] Allerdings findet man bei Burkhardt in diesem Punkt widersprüchliche Angaben. So nennt er an anderer Stelle für jenes Haus das Baujahr 1831,[34] während doch Fontane schon in den vorangehenden Jahren, von 1828 an, am Unterricht mit den Krauseschen Kindern teilnahm.[35]

[32] So z.B. in FONTANE, Theodor: Meine Kinderjahre, Ausgabe vom S. Fischer Verlag Berlin 1919. Nach S. 96.

[33] BURKHARDT, Robert wie Anm. 4, S. 4. Vgl. auch HANNES, Hellmut, wie Anm. 12. S. 40, 41.

[34] BURKHARDT, Robert wie Anm. 8. S. 463.

[35] Meine Kinderjahre wie Anm. 2. Dreizehntes Kapitel. S. 128 ff.

Die richtige Zuordnung ergibt sich durch Vergleich der durch zeitgenössische Bilddokumente[36] überlieferten äußeren Gestalt der beiden Häuser mit der von Fontane gegebenen Beschreibung des Wohnhauses des Kommerzienrats Wilhelm Krause. Die Gebäude zeigten nämlich ein grundverschiedenes Aussehen. Das Haus Lindenstraße 1 (Armii Krajowej) war ein Gebäude mit zwei voll ausgebauten Stockwerken. Es hatte ursprünglich ein einfaches Walmdach, besaß also keine Giebel

Das Haus Lindenstraße 1,
jetzt Wohn- und Geschäftshaus, 2007

und folglich auch keine Giebelfenster. Die heutigen Veränderungen der Dachform sind durch spätere, teilweise schon im 19. Jahrhundert entstandene Anbauten bedingt. Neueren Datums dürfte eine aufgesetzte Mansarde über der zur Königsstraße (Bolesława Chrobrego) gelegenen Hausfront sein.

Das spätere Zollamt, schon 1803 von dem alten Geheimrat Krause erbaut, besaß dagegen nur eine einzige Etage, doch waren unter dem gewaltigen Dach etliche Räume ausgebaut, was durch Mansarden und

[36] Vgl. HANNES, Hellmut wie Anm. 12. Dort Abbildungen auf S. 39, 41, 79.

Gauben, vor allem aber durch Fenster an dem dem Bollwerk zugewandten Giebel erkennbar wird.

In Fontanes Beschreibung des von ihm so häufig besuchten Hauses bezeichnet er das *von Kommerzienrat Wilhelm Krause bewohnte Haus* als einen *Hochparterrebau* und erwähnt die *großen und kleinen Giebelstuben samt dem dazwischen gelegenen pittoresken Bodenflur.* Ausdrücklich spricht Fontane von *nach dem Bollwerk hinaus gelegenen Giebelzimmern, deren geräumigstes er* [der Hausherr] *sich zu einem physikalischen Kabinett eingerichtet hatte.*[37]

Diese Schilderung kann sich keinesfalls auf das jetzt noch erhaltene Gebäude, vormals Lindenstraße (Armii Krajowej) 1, beziehen, welches überhaupt keine Giebel besaß. Dagegen passt sie genau auf das leider verschwundene Haus, das spätere Zollamt, dessen eine Giebelfront zum Wasser hin gelegen war (Vgl. Abb. auf S. 25–27).

Wie Fontane berichtet, war zu seiner Zeit der alte Geheimrat, der *»König von Swinemünde«,* [...] *nominell noch in voller Herrschaft, hatte jedoch, weil er seit 1816 die Hälfte des Jahres auf seinem Gute Kolbatz* [Kreis Greifenhagen] *zubrachte, das Tatsächliche seiner Herrschaft an seine zwei Söhne Wilhelm und Eduard, wie an zwei Statthalter, abgetreten.*[38] So dürfte das vom alten Krause erbaute, von ihm nur noch zeitweise bewohnte Haus in den 1820er Jahren schon von dessen ältestem Sohn Wilhelm bewohnt bzw. mitbewohnt worden sein, während der jüngere Bruder Eduard das Haus in der Lindenstraße 1 in Besitz hatte. Erst nach dem durch einen Bankrott Wilhelms notwendigen Verkauf des Vaterhauses an den Zoll 1838, also etliche Jahre nach Fontanes Swinemünder Zeit, zog Wilhelm mit in das Haus seines Bruders ein, das wohl für beide Familien Raum bot. Und dieses Haus ist es, das noch an seinem Platz steht und im Kern bis heute sein altes Aussehen zeigt.

[37] Meine Kinderjahre wie Anm. 2. Achtes Kapitel. S. 77.

[38] Ebenda. S. 75.

Das Gesellschaftshaus

Der Weg führt nun weiter am Bollwerk stromabwärts bis zur nächsten Querstraße, der Wasserstraße (Jana z Kolna). Jenseits dieser Straße erblickt man ein mit der Front zum Hafen gelegenes älteres Wohngebäude in der typischen Bauweise der 1930er Jahre, das ein kleines Türm-

Das Gesellschaftshaus in Swinemünde. Stahlstich von Rosmäsler, 1835

chen und einen halbrunden Vorbau besitzt. An dieser Stelle, jedoch weiter zurückgelegen befand sich einst das »Gesellschaftshaus«.

Es war zu Fontanes Zeiten neben dem Olthoffschen Gasthof ein Zentrum des gesellschaftlichen Lebens. Bald nach Gründung des Seebades im Jahre 1824 erbaut, war es erst kurz vor der Ankunft der Fontanes in Swinemünde fertiggestellt worden. Seiner Natur nach war es vornehmlich für die Besucher des Seebades bestimmt. Indessen schreibt Fontane, dass es *nicht bloß den Vereinigungsplatz für die Badegäste, sondern, solange die Saison anhielt, auch für die städtischen Honoratioren bildete, von denen vielleicht keiner öfter hier zur Stelle war als mein Vater.* Und weiter: *Dieser häufige Besuch galt nun freilich nicht eigentlich dem Gesellschaftshause selbst,* [...] *was ihn anzog und*

ihn mitunter schon zur Frühschoppenzeit hinausführte, war ein dicht neben dem Gesellschaftshause stehender Pavillon, darin ein mit untadeligem blauen Frack angetaner alter Major [...] *eine kleine Bank auflegte.*[39] Den Pavillon darf man in dem kleinen Bau links neben dem Gesellschaftshaus vermuten, von dem allerdings auf der historischen Ansicht nur das Dach zu sehen ist.
Das Gesellschaftshaus lag seinerzeit am Rande des damals bebauten Stadtgebietes. Der Name Wasserstraße (Jana z Kolna) mochte ursprünglich vielleicht daran erinnern, dass hier noch im frühen 18. Jahrhundert die Strandlinie der Ostsee verlief, die Swine also an dieser Stelle ins Meer mündete. Das außerhalb dieser Linie gelegene Gebiet ist Neuland, denn erst um 1740 wurde durch Anlegen eines Netzes von Packwerken die Bewegung des Wassers gehemmt und so ein allmählicher Verlandungsprozess eingeleitet.[40] Durch Anpflanzungen und natürliche Bewachsung entstand *ein Wäldchen, das die »Plantage« hieß*, so erwähnt Fontane den späteren Kurpark in »Meine Kinderjahre«. Das jenseits der Wasserstraße und damit auf dem neu gewonnenen Land gelegene Gesellschaftshaus grenzte mit der Rückseite an diese Plantage, die im übrigen in »Effi Briest« eine bedeutende Rolle spielt.
Das Gesellschaftshaus war der Swine zugewandt. In diesem Bereich ist die Swine nicht wie am oberen Bollwerk durch eine Insel bzw. Halbinsel unterbrochen, man kann hier die volle Breite des Stromes ermessen. Diese Breite von etlichen hundert Metern lässt ein von Fontane in »Meine Kinderjahre« geschildertes kleines Eisabenteuer erst im rechten Licht erscheinen: Die Überquerung der winterlichen Swine über die nur durch dünne Eisdecken verbundenen Eisschollen hinweg, ein Wagnis, das Fontane, allerdings geführt vom Kommerzienrat Krause und zwei Bootsleuten, *zauberhaft und wohl eigentlich nicht sehr gefährlich fand.*[41]
Das Gesellschaftshaus wurde durch die später errichteten Kuranlagen schließlich überflüssig, im Jahre 1920 abgerissen und das Gebiet bebaut.

[39] Ebenda. Sechstes Kapitel. S. 55.

[40] Näheres bei HANNES, Hellmut, Bilder aus der Geschichte der Swinemündung. Usedom-Wolliner Blätter, H. 11. Verlag Störr, Ostklüne/Usedom. 2007. S. 22ff.

[41] Meine Kinderjahre wie Anm. 2. Elftes Kapitel. S. 112.

Das landrätliche Haus Flemming [Innstetten] Utpatels Mühle

Der Rundgang führt nun zurück zu dem noch vorhandenen Krauseschen Haus an der Ecke Lindenstraße (Armii Krajowej)/Königsstraße (Bolesława Chrobrego). Die letztere ist mehr als einen Kilometer lang und zieht sich vom Bollwerk aus schnurgerade bis zum Strand. Sie verläuft nur in ihrem ersten Teil durch bebautes Gebiet. Das weitaus län-

Das Haus des Landrats von Flemming auf einer alten Zeichnung

gere Stück führt durch den Kurpark und hat den Charakter einer Allee. Bis 1945 hieß nur der erste Abschnitt Königsstraße, der durch den Park führende Teil aber Königsallee (Bolesława Chrobrego). An der Nahtstelle zwischen beiden, am Rande des Kurparkes, der früheren »Plantage«, befand sich zu Fontanes Zeit das Wohnhaus des Landrats von Flemming, von dem in »Meine Kinderjahre« viel die Rede ist. *Nach Geburt und Stellung der erste Mann der Stadt*, gehörte er zusammen mit anderen Honoratioren zu dem Kreis, der mit dem alten Fontane eng befreundet war.[42] Das Flemmingsche Haus ist schon seit langer Zeit nicht mehr vor-

[42] Ebenda. Sechstes Kapitel. S. 58.

handen, doch ist das Aussehen dieses einfachen Fachwerkbaus bekannt. Es befand sich an der Königsstraße (Bolesława Chrobrego)/Ecke Hindersinstraße (Mieszka I).

Dieses Haus und sein Standort sind aber nicht nur im Hinblick auf den in »Meine Kinderjahre« so häufig erwähnten Landrat Flemming von Bedeutung, sondern auch im Zusammenhang mit »Effi Briest«. Fontane hat für die Wohnung des Landrats von Innstetten eben dieses ihm aus seiner Jugendzeit wohlbekannte Haus gewählt, jedenfalls der Lage nach. Denn genau an dieser Stelle befand sich *die landrätliche Wohnung, ein einfaches, etwas altmodisches Fachwerkhaus, das mit seiner Front auf die nach den Seebädern hinausführende Hauptstraße, mit seinem Giebel aber auf ein zwischen der Stadt und den Dünen liegendes Wäldchen, das die »Plantage« hieß, herniederblickte.* Diese Schilderung des Hauses und seiner Lage gibt Fontane bei der Ankunft der Innstettens im neuen *Kessiner* Heim.[43]

In der Tat war seinerzeit die Königsstraße und die anschließende Allee die Hauptverbindung vom Bollwerk, wo auch das von Stettin kommende Dampfschiff regelmäßig anlegte, zum Strand und der Seebadeanstalt. So heißt es in »Effi Briest« an anderer Stelle: *Die Straße war die Hauptverkehrsstraße nach dem Strande hin, weshalb denn auch in der Sommerzeit ein reges Leben hier herrschte* [...].[44]

Kann bezüglich der Lage des Innstettenschen Hauses an der bezeichneten Stelle kaum ein Zweifel bestehen, so erscheint es dagegen mehr als fraglich, ob bei der Beschreibung der Wohnräume die Verhältnisse im Haus des Landrats Flemming zugrunde gelegt wurden. Zwar bezeichnet Fontane das von Innstetten bewohnte Haus als ein einfaches Fachwerkhaus und spricht sogar – durch den Mund des Majors Crampas – von einer *Kate.* Andererseits aber gibt es im Obergeschoss einen Saal mit Fenstern und Gardinen, aus dem es im Parterre klang, *wie wenn lange Schleppenkleider über die Diele hinschleiften und* [...] *es war, als tanze man oben.*[45] Einen solchen Saal kann man sich unter dem fensterlosen Dach des Flemmingschen Hauses kaum vorstellen. Weitaus wichtiger aber als das Innere ist die Lage des Gebäudes unmittelbar an der Plan-

[43] Effi Briest wie Anm. 14. Sechstes Kapitel. S. 50.

[44] Ebenda. Achtes Kapitel. S. 61.

[45] Ebenda. Siebentes Kapitel. S. 55, 56.

tage, im Roman oft auch das *Wäldchen* genannt, das als Schauplatz der Handlung bei Spaziergängen oder als Ausgangspunkt für Ausritte oder Wanderungen zum Strand immer wieder vorkommt.
Nicht weit von der Ecke, an der einst das Flemmingsche Haus stand, in der Neuen Straße (Piastowska), befindet sich die katholische Kirche. Im Zusammenhang damit sei an dieser Stelle eine Anmerkung zu einem kurzen Wortwechsel zwischen Innstetten und seiner Frau eingefügt. Kurz vor der Ankunft in *Kessin* erklärt der Landrat: »*Wenn wir die Biegung gemacht haben, dann siehst Du schon den Turm von Kessin oder richtiger beide* ...« Darauf Effi: »*Hat es denn zwei?*« – »*Ja, Kessin nimmt sich auf. Es hat jetzt auch eine katholische Kirche.*«[46]
Dazu ist zu sagen, dass Swinemünde zur Jugendzeit Fontanes nur eine, die evangelische Kirche besaß. Wie oben schon bemerkt, war sie aber damals noch ohne Turm, den sie erst im Jahre 1881 erhielt. Die katholische Kirche wurde sogar erst 1896 fertiggestellt, also einige Jahre nach dem Erscheinen von »Effi Briest«. Hier weicht also Fontane von seiner Gepflogenheit, die alten Swinemünder Verhältnisse auf sein *Kessin* zu übertragen, deutlich ab. Was ihn dazu bewog, ist schwer zu sagen. Sicherlich aber war ihm bei der Niederschrift des Romans bereits bekannt, dass die ihm seinerzeit als scheunenartig erschienene evangelische Kirche inzwischen einen Umbau erfahren hatte und nun einen Turm besaß. Möglicherweise hatte Fontane auch schon frühzeitig von dem Bau oder der Planung einer katholischen Kirche in Swinemünde erfahren. Jedenfalls hat er beide Veränderungen, aus welchem Grund auch immer, in seinem Romantext berücksichtigt.
Die Erörterung des Flemming-Innstettenschen Hauses gibt Gelegenheit zu einem weiteren Abstecher. In »Effi Briest« heißt es bei der Schilderung des Ausblicks aus dem oberen Geschoss des Hauses: *Nach der einen Seite hin, über die Dächer des Stadtrandes und die »Plantage«, auf eine hoch auf einer Düne stehende holländische Windmühle, nach der anderen Seite hin auf die Kessine, die hier, unmittelbar vor ihrer Einmündung, ziemlich breit war und einen stattlichen Eindruck machte.*[47]

[46] Ebenda. Sechstes Kapitel. S. 50.
[47] Ebenda. Achtes Kapitel, S. 63.

Was die Aussicht auf die *Kessine* bzw. die Swine oder gar deren Mündung in die Ostsee betrifft, so erscheint diese Aussage wenig realistisch. Bei der geringen Höhe des Gebäudes dürfte es einen solchen Ausblick angesichts der auch zur Fontanezeit schon vorhandenen Bebauung und des Baumbestandes der Plantage nicht gegeben haben. Anders steht es mit dem Blick nach der von der Swine abgekehrten Seite. Wirklich mochten von jenem Hause aus zwei der fünf damals vorhandenen Mühlen zu erblicken gewesen sein. Eine von ihnen, in der Tat eine holländische Windmühle, lag gar nicht weit vom Flemmingschen Haus entfernt im Bereich der späteren Krausestraße (Władisława Sikorskiego). Fontane hat aber wohl bei seiner Schilderung eher an eine andere Mühle gedacht. Diese stand auf dem sogenannten Schanzberg, einer alten Düne in unmittelbarer Nachbarschaft des damaligen Kirchhofs. Der Schanzberg und mit ihm die Mühle befand sich, vom landrätlichen Hause aus gesehen, etwa in Richtung der Verlängerung der Neuen Straße (Piastowska). Diese Straße kennzeichnete seinerzeit die nördliche Bebauungsgrenze zur Plantage hin. Das entspricht ganz der obigen Beschreibung des Ausblicks über den Stadtrand und die angrenzende Plantage hinweg auf eine hochstehende Windmühle. Ob allerdings die Mühle auf dem Schanzberg von holländischer Bauart war, ist leider nicht überliefert.[48]
Aber es ist diese nahe beim Friedhof gelegene Mühle, von der in »Effi Briest« als *Utpatels Mühle* des Öfteren die Rede ist, zumeist als ein markanter Punkt bei Spaziergängen und Ausfahrten Effis. Der Name Utpatel ist von einer seinerzeit in Swinemünde ansässigen Müllerfamilie übernommen. Die auf dem Schanzberg gelegene Mühle hatte allerdings einen anderen Besitzer. Doch hatte Jacob Utpatel im Jahre 1826, kurz bevor die Fontanes in Swinemünde einzogen, an anderer Stelle eine Holländermühle errichtet. Sie blieb am längsten von allen Swinemünder Mühlen in Betrieb und wurde noch im Jahr 1911 von Lyonel Feininger mehrfach im Bild festgehalten.
Die Mühle auf dem Schanzberg ist 1854 abgebrannt und der Berg später abgetragen worden. Der benachbarte Kirchhof existierte als »Alter Fried-

[48] Über die Swinemünder Mühlen vgl. BURKHARDT, Robert wie Anm. 8. S. 464ff.

hof« noch bis zum Ende des Zweiten Weltkriegs. Inzwischen ist ein Park daraus geworden, der sich längs der einstigen Friedenstraße (Chopina) erstreckt. Auf dem Gelände des ehemaligen Friedhofes hatte sich bis

Der erhaltene Grabstein der Eltern des Kaufmanns Heinrich August Schöneberg, 2008

1945 mit dem Grabstein, den Heinrich August Schöneberg (1776–1855), bei Fontane der *alte Schöneberg* genannt, seinen *geliebten Eltern* gewidmet hatte, ein Erinnerungsstück an eine der in »Meine Kinderjahre« gewürdigten Honoratiorenfamilien erhalten. Er galt jahrzehntelang als verschollen und wurde erst in jüngster Zeit wieder aufgefunden. Zusammen mit anderen alten deutschen Grabsteinen ist er nun auf einem besonderen Feld des neuen Friedhofes an der früher nach Kaseburg führenden Straße, der heutigen ul. Karsiborska, aufgestellt.

Strand und Mole

Folgt man nun der durch den Kurpark verlaufenden Königsallee (Bolesława Chrobrego) in Richtung Strand, so ist dies der gleiche Weg, den Effi bei Spaziergängen und Ausritten ungezählte Male zurückgelegt hat. Am Ende dieser Allee befand sich im Roman das »Strand- oder Dünenhotel«. In der Swinemünder Zeit Fontanes hatte es dort noch keine solche Einrichtung gegeben. Er bezog sich also, falls dieses Hotel überhaupt einen realen Hintergrund hatte, auch hier auf spätere Verhältnisse

Königsallee durch die »Plantage«, Blickrichtung zum Strand, um 1900

und mochte an eines der inzwischen an jener Stelle entstandenen Etablissements gedacht haben.

Übrigens war auch der junge Fontane selbst häufig diesen Weg zum Strand gegangen, um in der See zu baden. Am Ende der Königsallee befand sich der Badeplatz für Herren, das sogenannte »Männerbad«, in gebührender Entfernung von dem weiter westlich gelegenen Damenbad. In diesen Anstalten konnte man sich in sogenannten Badehütten entkleiden und wurde unter der Obhut von Wärtern über einen Steg ins flache Wasser geleitet.[49]

[49] HANNES, Hellmut wie Anm. 12. S. 18ff. Dort auch Abbildung auf S. 19.

Anscheinend hat aber Fontane von dieser Einrichtung nicht unbedingt Gebrauch gemacht, sondern – was auch nicht verboten war – frei gebadet. Er konnte, wie in »Meine Kinderjahre« zu lesen ist, notdürftig schwimmen. So berichtet er von den *parallel mit dem Ufer laufenden und oft nur von wenig Wasser überspülten Sandstreifen,* [...] *auf denen die Badenden, wenn sie die dazwischenliegenden tiefen Stellen passiert haben, wieder ausruhen können.* Unter Bezugnahme auf die von ihm als *Reffs* bezeichneten und auch heute dort anzutreffenden Sandbänke erinnert er sich:

Dünen und Strand, im Hintergrund die Molen, 1982

Hier lag nun für mich die tägliche Verführung. War es still und alles normal, so reichten meine Schwimmkünste gerade aus, glücklich über die tiefen Stellen wegzukommen und das zunächst gelegene Reff zu erreichen.[50]

Der weite Swinemünder Strand war auch einer der wichtigsten Schauplätze im Roman »Effi Briest« . Bei den hier unternommenen Ausritten bahnte sich die später so verhängnisvolle Beziehung zwischen Effi und Crampas an. Die Ritte, an denen anfänglich auch Innstetten teilnahm, führten häufig bis zu der von Molen eingefassten Mündung der *Kessine*: *Als man* [...] *auf dem von einer mäßigen Brandung überschäumten Strand-*

[50] Meine Kinderjahre wie Anm. 2. Fünfzehntes Kapitel. S. 151.

weg den diesseitigen Molendamm erreicht hatte, verspürte man Lust, abzusteigen und einen Spaziergang bis an den Kopf der Mole zu machen. [...] *Zwischen den beiden Steindämmen floß die Kessine breit und ruhig dem Meere zu.*[51]
Diese Schilderung beschreibt genau die Szenerie an der Mündung der Swine. Die beiden in das Meer hinausführenden Hafendämme, die Ost- und die Westmole, waren wenige Jahre vor der Ankunft der Fontanes in Swinemünde fertig geworden. Auch in »Meine Kinderjahre« ist von ihnen mehrfach die Rede. So zum Beispiel bei der Schilderung einer nicht ungefährlichen, aber glimpflich verlaufenen Bootsfahrt mit einigen gleichaltrigen Jungen, bei der man *etwa in Höhe des Gesellschaftshauses* in die Strömung geriet. *Von dieser gefaßt und getrieben* [*sahen wir*] *uns mit einem Male zwischen den Molendämmen.* [...] *Und nun erfaßte mich eine furchtbare Angst. Ging das so weiter, so waren wir in 10 Minuten draußen* [...]. *Wir begannen ungeheuer zu schreien, zugleich winkend und schwenkend, und erwiesen uns überhaupt als geradezu erfinderisch in Notsignalen. Endlich wurden wir von einigen auf der Westmole stehenden Lotsen bemerkt,* [...] *die uns schließlich ein Tau zuwarfen. Und damit waren wir aus der Gefahr heraus* [...].[52]
Die Molendämme waren auch der Schauplatz eines Seeschießens, dem der zehnjährige Fontane, mit seinem Vater und anderen Swinemünder Honoratioren auf der Westmole stehend, einmal beiwohnen durfte. Mit zwei auf den Molenköpfen installierten Zwölfpfündern wurde ein *Rikoschettschießen* veranstaltet. Dabei ist die Flugbahn des Geschosses in Richtung auf das Meer zu so flach gewählt, dass die Kugel alsbald auf die Wasseroberfläche trifft, daran abprallt und in einiger Entfernung erneut aufsetzt, was sich mehrmals wiederholt, bis die Kugel schließlich versinkt. Fontane vergleicht diesen Vorgang mit dem *»Butterstullenwerfen« auf einem Teich.*[53]
Begibt man sich heute auf die Spitze der Westmole, so erblickt man von dort den auf dem Ostufer der Swine stehenden, fast 70 Meter hohen Leuchtturm, der jetzt allerdings von Kränen und anderen Hafenanlagen von fast gleicher Höhe umringt ist. Diesen Leuchtturm gab es in

[51] Effi Briest wie Anm. 14. Fünfzehntes Kapitel. S. 134.

[52] Meine Kinderjahre wie Anm. 2. Fünfzehntes Kapitel. S. 150.

[53] Ebenda. Zwölftes Kapitel. S. 120. Vgl. dazu auch das Gedicht »Butterstullenwerfen« im Gedichtband (Ausgabe von 1898). Theodor Fontane, Sämtliche Werke wie in Anm. 2. Bd. 20, S. 40.

der Jugendzeit Fontanes noch nicht. Als der »Leuchtturm von Swinemünde« galt damals eine nach Plänen von Karl Friedrich Schinkel an

Der Leuchtturm in Swinemünde, Stahlstich von Rosmäsler, 1837

der Spitze der Ostmole errichtete, mit einem Leuchtfeuer versehene Bake, die der Berliner Stahlstecher Rosmäsler 1837 im Bilde festgehalten hat. Sie wurde im Jahre 1828, also während Fontanes Aufenthalt in Swinemünde, errichtet und es ist eigentlich verwunderlich, dass in »Meine Kinderjahre« von ihr nirgends die Rede ist. Der große Leuchtturm wurde nach zweijähriger Bauzeit erst 1859 in Betrieb genommen.[54] Aus dem gleichen Jahr stammt eine Zeichnung des Malers Hermann Scherenberg, welche die Westmole, den damals neuen Leuchtturm und die ebenfalls erst kürzlich erbauten Festungsanlagen zeigt. Hermann

54 HANNES, Hellmut: Von den Anfängen des Swinemünder Leuchtturms. Usedom Wolliner Blätter H. 10. Verlag Störr. Ostklüne/Usedom 2006.

Scherenberg, ein Bruder des mit Fontane später in Berlin bekannten Dichters Christian Friedrich Scherenberg, entstammte jener künstlerisch begabten Swinemünder Kaufmannsfamilie, von der im Siebenten Kapitel von »Meine Kinderjahre« ausführlich die Rede ist.

Hafeneinfahrt mit Westmole, Leuchtturm und Festungsbauten, Hermann Scherenberg, 1859

Diesen Anblick hatte Fontane vielleicht im Sinn, als er in dem schon erwähnten Brief an seine Frau vom 24. April 1863 schrieb: *Es ist alles anders geworden.* [...] *Ein riesiger Leuchtthurm flankirt und überragt das ganze Bild* [...] *und zu beiden Seiten des Stroms erheben sich die neuen Festungswerke mit ihren Thürmen und Bastionen.*[55]

[55] FONTANE, Emilie und Theodor, wie Anm. 28. S. 260.

Rückkehr zum Kleinen Markt

Wendet man sich von der Küste zurück in die Stadt, zu jenem Krauseschen Haus an der Ecke Königsstraße (Bolesława Chrobrego)/Lindenstraße (Armii Krajowej) und folgt der letzteren, so gelangt man zu dem schon eingangs erwähnten Kleinen Markt (Plac Wolności). In der Lindenstraße befanden sich einst die Häuser der Kaufmannsfamilien Scherenberg, Schöneberg und Thomsen, denen Fontane in seinen Kindheitser-

Das Haus des Konsuls Thomsen am Kleinen Markt, um 1830

innerungen breiten Raum, den beiden erstgenannten sogar ein ganzes Kapitel gewidmet hat. Das Scherenbergsche Haus, das in illustrierten Ausgaben von »Meine Kinderjahre« häufig abgebildet ist, stand in unmittelbarer Nachbarschaft der Krauseschen Häuser.[56] Ein Stück weiter war das Haus der Schönebergs und schließlich stand an der Ecke, wo die Lindenstraße den Kleinen Markt erreicht, das Wohn- und Geschäftshaus des Konsuls Thomsen. In »Meine Kinderjahre« nennt Fontane ihn allerdings *Thompson*. Das Thomsensche Haus, in dem sich später »Paul Eggebrechts Weinstuben« befanden, stand noch bis 1945. Im

[56] Abbildung z.B. in Meine Kinderjahre wie Anm. 32, nach S. 112

Volksmund seines Anstrichs wegen die »Blaue Ecke« genannt, bildete es einen markanten Punkt in der Stadt.[57]

Mit dem Erreichen des Kleinen Marktes (Plac Wolności), von dem der Weg durch die Stadt seinen Anfang genommen hatte, ist das Ende des Rundgangs erreicht. Es gibt jedoch – nunmehr ohne Bindung an bestimmte Örtlichkeiten – über die Personennamen im *Kessin* des Romans »Effi Briest« einerseits und in den Swinemünder Kinderjahren Fontanes andererseits noch manches zu sagen.

57 Abbildung z. B. ebenda, vor S. 97.

Personennamen in *Kessin* und Swinemünde

Fontane hat für den in *Kessin* spielenden Teil von »Effi Briest« die Namen etlicher Swinemünder Persönlichkeiten seiner Jugendzeit verwendet, so auch den eben erwähnten Namen *Thomsen*, hier nun in der richtigen Schreibweise. Von dem *Müller Utpatel* bzw. *Utpatels Mühle* war bereits die Rede. Weitere Beispiele bilden etwa die Namen *Flemming*, *Grützmacher*, *Hannemann*, *Kirstein*, *Hoppensack*, *Fraude*, *Gadebusch*. Dabei wird allerdings den Romanfiguren in der Regel eine andere berufliche oder gesellschaftliche Stellung gegeben als ihre Namensgeber sie innehatten. So taucht der Name *Flemming* im Roman natürlich nicht als der des Landrats auf, sondern er bezieht sich auf eine der Adelsfamilien aus dem benachbarten Umland. *Grützmacher*, in Wahrheit Stadtkämmerer, erscheint als Konsul.

Dr. Hannemann, der Effi als Arzt zur Seite steht, findet seine Entsprechung wohl in dem von 1818 bis 1839 in Swinemünde tätigen Kreis-Chirurgen gleichen Namens. Ebenso hatte der *Bürgermeister Kirstein* sein Amt nicht nur im *Kessin* des Romans, sondern auch in Swinemünde. Er war der Nachfolger des in »Meine Kinderjahre« erwähnten, im Jahre 1830 jedoch verstorbenen Bürgermeisters Beda, der von Fontane als *schon alt und krank* bezeichnet wird.[58]

Auch der Name *Hoppensack* hat seine Wurzeln im alten Swinemünde. In der Jugendzeit Fontanes gab es dort ein renommiertes, am unteren Bollwerk gelegenes Hotel, dessen Besitzer Hoppensack hieß.[59] In »Meine Kinderjahre« erscheint der Name als der eines Vermieters von Wohnungen an Sommergäste.[60] In »Effi Briest« kommt er nur in der Bezeichnung eines Hotels oder Gasthofes vor: *Gerade der Landungsbrücke gegenüber lag Hoppensacks Hotel, ein drei Stock hohes Gebäude* […].[61] Diese Beschreibung als dreistöckiges Gebäude lässt vermuten, dass Fontane dabei auch an das ihm von

[58] Der Name Kirstein tritt bei Fontane sowohl in »Effi Briest« als Bürgermeister wie auch in »Meine Kinderjahre«, dort aber als Justizrat Kirstein auf. Tatsächlich gab es im Swinemünde der Fontanezeit zwei Männer dieses Namens: Einen Justizrat Kirstein, der lange zuvor, in den ersten Jahren des 19. Jhs. Bürgermeister gewesen war, und den ab 1830 amtierenden Bürgermeister Karl Friedrich Kirstein, der aller Wahrscheinlichkeit nach der Sohn des ersteren gewesen ist. Vgl. BURKHARDT, Robert wie Anm. 8. S. 194–197.

[59] Hotel »Zum Kronprinzen«. Vgl. KIND, Richard: Das Seebad zu Swinemünde, Stettin 1828, S. 108. BURKHARDT, Robert wie Anm. 8. S. 140.

[60] Meine Kinderjahre wie Anm. 2. Neuntes Kapitel. S. 86.

[61] Effi Briest wie Anm. 14. Zweiundzwanzigstes Kapitel. S. 212.

seinem Besuch im Jahre 1863 bekannte Hotel »Drei Kronen« gedacht hat.[62] Der Name *Fraude*, der in »Effi Briest« ganz ohne Titel, nur als *der alte Fraude* erscheint, ist von einer Swinemünder Kaufmannsfamilie entliehen, die erst um die Mitte des 19. Jahrhunderts Bedeutung erlangte.[63] Die Verwendung dieses Namens ist nur eines der Beispiele, die erkennen lassen, dass Fontane auch später das Geschick von Swinemünder Familien im Auge behalten hat.[64]

Eine besondere Betrachtung verdient der Name *Gadebusch*. In »Effi Briest« erscheint er ein einziges Mal, am Ende des 14. Kapitels als *Justizrat Gadebusch*. In »Meine Kinderjahre« kommt der Name Gadebusch merkwürdiger Weise überhaupt nicht vor, obschon der Königliche Rentmeister und spätere Amtsrat Gadebusch eine geachtete und bekannte Persönlichkeit in Swinemünde war. Überdies war er mit mehreren der im Haus Fontane verkehrenden Familien verschwägert. Frau Gadebusch war die Tochter des alten Steuerrats Königk, von dem in »Meine Kinderjahre« ausführlich die Rede ist.[65] Wie Fontane in seinen Erinnerungen erwähnt, war auch Frau von Flemming eine geborene Königk, nämlich die Tochter eines Bruders des Steuerrats. Mithin waren Frau Gadebusch und Frau von Flemming Cousinen.[66]

Zwischen den Häusern Flemming, Königk und Gadebusch bestanden also enge verwandtschaftliche und auch persönliche Beziehungen, man sah sich fast täglich. Zum engeren Freundeskreis des alten Fontane gehörte Gadebusch aber sicher nicht, die Charaktere waren wohl zu unterschiedlich: Der leichtlebige, auf sein Glück vertrauende Fontane und der pflichtbewusste, von soliden Grundsätzen geleitete Gadebusch. Sein Haus lag übrigens am Kleinen Markt (Plac Wolności), also nicht allzu weit von der Apotheke entfernt.

[62] Vgl. im Abschnitt: Rathausplatz und »Ressourcenhotel«. Der Mordfall Mohr.

[63] HANNES, Hellmut: Das Tagebuch der Julie Gadebusch aus Swinemünde. Schwerin 2005. S. 16ff.

[64] Vgl. etwa Fontanes Ausführungen über die Familie Königk in »Meine Kinderjahre« wie Anm. 2. Sechstes Kapitel. S. 61.

[65] In einigen Ausgaben von »Meine Kinderjahre« begegnet auch die Schreibweise Koenigk. Nach erhaltenen handschriftlichen Originaldokumenten des Steuerrats Koenigk hat dieser selbst beide Schreibweisen verwendet.

[66] HANNES, Hellmut wie Anm. 63. S. 18ff. Ganz allgemein bietet diese Publikation an Hand von Tagebüchern, Briefen und anderen persönlichen Dokumenten aus der Familie Gadebusch einen unmittelbaren und lebendigen Einblick in die damalige Swinemünder Gesellschaft, wie sie auch von Theodor Fontane erlebt und beschrieben worden ist. Vgl. auch bei VAHLEFELD, Elsbeth, wie Anm. 32. S. 22.

Die Apothekerwitwe Geisler

Es gab aber doch eine gewisse Beziehung zwischen Gadebusch und der Swinemünder Adlerapotheke. Sie steht in Verbindung mit der verwitweten Frau Geisler, von der Louis Fontane einst die Apotheke gekauft hatte. Da diese Zusammenhänge in der Fontane-Forschung kaum bekannt sein dürften, sollen sie hier etwas näher betrachtet werden.

In »Meine Kinderjahre« ist über die Person der Witwe Geisler nichts ausgesagt, ebenso wenig über ihren Mann, der *ihr das Jahr vorher verstorben war.* Von ihm heißt es nur gelegentlich, wenn es auf dem Dachboden der Apotheke unruhig wurde: *De oll Geisler geiht wedder üm.*[67]

Neben dem Bericht Fontanes gibt es jedoch drei beachtenswerte andere Quellen, die über die Identität des Ehepaars Geisler Auskunft geben. Allerdings sind ihre Aussagen untereinander und zum Teil sogar in sich selbst widersprüchlich. Auch findet man, was Zeitangaben betrifft, deutliche Diskrepanzen zu den diesbezüglichen Textstellen bei Fontane.

Zunächst ist eine Festschrift zu nennen, die der schon mehrfach erwähnte Swinemünder Heimatchronist Robert Burkhardt im Jahr 1937 aus Anlass des 150-jährigen Bestehens der Adlerapotheke *an Hand der Akten und sonstiger Quellen* erarbeitet hat. Burkhardt wird sich unter anderem auf alte Dokumente im Besitz der Apotheke gestützt haben.[68]

Des Weiteren gibt es eine Stammtafel der Familie Gadebusch. Sie wurde in den Jahren nach dem Ersten Weltkrieg erstellt, beruht aber in ihrem älteren Teil auf einem *handschriftlich gefertigten Stammbaum der Familie Gadebusch* aus dem Jahre 1819. Die Tafel ist somit als ein für die hier anstehenden Fragen zeitgenössisches Dokument zu betrachten.[69] Und dann gibt es noch Tagebücher und Briefe aus der Familie Gadebusch aus den 1830er bis 1840er Jahren.[70]

Die Swinemünder Adlerapotheke geht mit ihren Anfängen bis in die Zeit der Stadtgründung in der Mitte des 18. Jahrhunderts zurück. Im

[67] Meine Kinderjahre wie Anm. 2. Zweites Kapitel. S. 29 sowie Viertes Kapitel S. 35.

[68] BURKHARDT, Robert: 150 Jahre Adler-Apotheke Swinemünde. Festschrift als Privatdruck Felix Tourbier, Swinemünde 1937, S. 26ff. Tourbier war 1937 Besitzer der Adler-Apotheke.

[69] Stammtafel der Familie Gadebusch aus Stralsund. Bearbeitet durch J. v. Goertzke. Berlin nach 1926. In ihrem älteren Teil beruhend auf einem handschriftlich ausgeführten Stammbaum, erstellt durch Pastor J. J. Steinbrück aus Stettin im Jahr 1819. Original erhalten im Besitz von H. D. Gadebusch.

[70] HANNES, Hellmut, wie Anm. 63.

Jahr 1787 gelangte sie in den Besitz eines gewissen, aus Landsberg an der Warthe stammenden Gustav Benjamin Geisler.[71] Die erwähnte Stammtafel nennt als Ehemann der einzigen Schwester des Amtsrats Gadebusch, Wilhelmine Gadebusch, einen *Gustav Benjamin Geiseler, Apotheker in Swinemünde.* Trotz der etwas abweichenden Schreibweise des Namens liegt die Annahme nahe, dass es sich bei der in »Meine Kinderjahre« erwähnten Apothekerwitwe um die Schwester des Amtsrates Gadebusch gehandelt hat. Allerdings müsste dann zwischen der um 1795 geborenen Wilhelmine Gadebusch und ihrem Ehemann ein beträchtlicher Altersunterschied bestanden haben.[72]

Im Gegensatz zur Stammtafel gibt nun Burkhardt in seiner Festschrift an, dass nicht Gustav Benjamin, sondern dessen Sohn, der 1788 geborene Gustav Adolf Geisler, mit der Schwester des Amtsrats, also mit Wilhelmine Gadebusch verheiratet war.[73] Diese eheliche Verbindung erscheint von den Altersverhältnissen her plausibel, doch stimmt eben der Name *Gustav Adolf* nicht mit dem in der Stammtafel genannten überein.

Wirklich verwirrend wird es bei den in der Festschrift genannten Eckdaten beim Verkauf der Adlerapotheke an Louis Fontane. Demnach hatte der alte Geisler die Apotheke bereits 1823 an seinen mit Wilhelmine Gadebusch verheirateten Sohn Gustav Adolf übergeben. Als der Sohn – heißt es dann weiter – *am 27. Januar 1827 verstarb, sah sich seine Frau gezwungen, die Apotheke zu verkaufen. Schon in der überraschend kurzen Frist von kaum vier Wochen fand sich ein zahlungsfähiger Käufer, der 12.000 Taler auf den Tisch legen konnte* [und] *6.000 Taler am 1. Juli abzahlte* […] *Es war der Apotheker Louis Henry Fontane.*[74]

Diese Darstellung steht nun ganz im Gegensatz zu der Schilderung

[71] BURKHARDT, Robert: Festschrift wie Anm. 68. Auch bei: Derselbe: Geschichte des Hafens und der Stadt Swinemünde. I.Teil: Bis zum Jahre 1806. B: Die Entstehung und Entwicklung der Stadt. Swinemünde 1921. S. 58.

[72] In der Stammtafel ist für Wilhelmine Gadebusch nur das Todesjahr (1868) angegeben, bei Geiseler fehlen Lebensdaten vollständig. Das ungefähre Geburtsjahr der ersteren ergibt sich aus dem Alter ihrer Geschwister. Da G. Benjamin Geiseler bereits 1787 die Adlerapotheke übernommen hatte, dürfte er jedenfalls vor 1870 geboren und somit nahezu 30 Jahre älter gewesen sein als Wilhelmine Gadebusch.

[73] Burkhardt, Robert. Festschrift wie Anm. 68. S. 30.

[74] Ebenda.

von Theodor Fontane, wonach sein Vater um Weihnachten 1826 bei 26 Grad Kälte Swinemünde erreichte, *wo ihn die verwitwete Frau Geisler* [empfing], *die, weil ihr das Jahr vorher* [also 1825] *der Mann verstorben war, ihre Apotheke so schnell wie möglich zu verkaufen wünschte.*[75]

Doch damit nicht genug: Nur wenige Absätze nach der oben zitierten Passage über den Verkauf der Apotheke schreibt Burkhardt, nunmehr inhaltlich der Darstellung Fontanes folgend: *Um Weihnachten 1826, bei strenger Kälte, erstand er* [Louis Fontane] *die Apotheke in Swinemünde.*

Wie ist es nun wirklich zugegangen? Sicherlich hat sich Fontane bei der Niederschrift seiner Kindheitserinnerungen nach fast acht Jahrzehnten in manchen Details getäuscht.[76] Ob das gerade in diesem Punkte der Fall war, sei dahingestellt. Andererseits ist die Existenz des Sohnes Gustav Adolf Geisler sicherlich nicht aus der Luft gegriffen. Die hier aufgezeigten Widersprüche werden jedoch heute, nach dem kriegsbedingten Verlust fast allen Archivguts kaum noch aufzuklären sein.

Gleichviel aber, ob nun die Apothekerwitwe die Frau des älteren oder des jüngeren Geisler gewesen war und wann genau im Winter 1826/27 der Verkauf erfolgte, steht doch fest, dass sie die Schwester des Amtsrats Gadebusch war.

Frau Geisler findet bei Fontane, außer im Falle des Apothekenverkaufs, keine weitere Erwähnung. Sie war jedoch wie ihr Bruder mit dem Kreis der Familien Koenigk, Flemming und anderen Swinemünder Honoratioren gesellschaftlich eng verbunden. Das ist durch die dritte der oben genannten Quellen, die Tagebuchaufzeichnungen der Julie Gadebusch, also der Nichte der Witwe Geisler,[77] vielfach belegt. Aus diesen Aufzeichnungen geht auch hervor, dass Frau Geisler eine Tochter Minna besaß, die mit der 1826 geborenen Julie im gleichen Alter stand oder

[75] Meine Kinderjahre wie Anm. 2. S. 28.

[76] So ereignete sich zum Beispiel der Mord an der Witwe Wergin (bei Fontane *Witwe Lassahn*) in Wahrheit nicht im Frühjahr 1826 sondern im April 1827. Vgl. BURKHARDT, Robert wie Anm. 8. S. 234 ff.

[77] Die richtige Schreibweise dürfte nicht Geisler, sondern Geiseler lauten, da sie von Julie Gadebusch in ihrem Tagebuch (vgl. Anm. 63) stets als *Tante Geiseler* bezeichnet wird. Hier wird jedoch weiterhin die in der 1894 erschienenen Erstausgabe und fast allen späteren Ausgaben von »Meine Kinderjahre« verwendete Form *Geisler* beibehalten. Etwas irritierend ist, dass in der in Anm. 2 zitierten Ausgabe neben Geisler auch *Geißler* erscheint, was auch in den älteren Schriften von BURKHARDT gelegentlich begegnet, aber sicher falsch ist.

nur wenig älter war. Minna Geisler heiratete um 1843 den Apotheker Theodor Ludwig Große. Dieser, der Sohn eines Apothekers in Wollin, hatte die Adlerapotheke am 25. Juli 1837 vom alten Fontane gekauft, der Swinemünde dann für immer den Rücken kehrte.[78] Auf diese Weise gelangte die Apotheke nach zehnjähriger Unterbrechung durch Louis Henry Fontane gewissermaßen in Geislerschen Besitz zurück.

Mit etwas Phantasie kann man den Namen Geisler auch mit »Effi Briest« in Zusammenhang bringen. Der Name des Apothekers im Roman, nämlich *Gieshübler*, lässt sich durch eine einfache Manipulation der Buchstaben in Geisler verwandeln: Durch Weglassen der Silbe *hüb* erhält man Giesler, eine Wortbildung, die hier zum vertauschen des *i* und des *e* geradezu herausfordert. Sollte das ein Zufall sein oder ist *Gieshübler* eine bewusste Anspielung auf den mit der Swinemünder Apotheke so eng verbundenen Namen Geisler? Falls das letztere zutrifft, so würde das in keinem Widerspruch zu anderen Deutungen des Namens *Gieshübler* stehen. Vielmehr könnte das Wortspiel durchaus zusammen mit anderen Auslegungen Fontane zur Wahl dieses Namens motiviert haben.[79] Die hier gegebene Deutung wird vielleicht noch dadurch unterstrichen, dass *Gieshübler* einmal Effi gegenüber äußert: *Wir sitzen hier schon in der vierten Generation, volle hundert Jahre* [...].[80] Möglicherweise ist das ein versteckter Hinweis auf die lange Zeit, während der sich die Apotheke im Besitz der Geislers, die Tochter Minna Große, geborene Geisler mit eingerechnet, befand. Seit dem Erwerb der Apotheke durch Benjamin Geisler im Jahr 1787 bis zur Erzählzeit des Romans »Effi Briest« waren gerade etwa hundert Jahre vergangen. Aber diese Überlegungen stellen letztlich nur vage Vermutungen dar. Eine nähere Betrachtung wäre sicherlich nicht ohne Interesse, führt aber an dieser Stelle doch auf ein zu weites Feld ...

[78] BURKHARDT, Robert, wie Anm. 68. S. 34.

[79] Dass die in Geisler bzw. Giesler eingeschobene Silbe gerade »hüb« lautet, so dass zusammen mit der Endsilbe der Wortteil »hübler« entsteht, könnte vielleicht ein Anklang an Krummhübel sein, den von Fontane so geschätzten und in seinem Roman »Quitt« literarisch verwerteten Kurort im Riesengebirge. Auch gibt es in Böhmen und in der sächsischen Schweiz mehrere Orte namens Gießhübel. Andere Deutungen vgl. z.B. bei BINDOKAT, Karla: Effi Briest: Erzählstoff und Erzählinhalt. Frankfurt a.M. 1984 sowie Massanetz, Michael: Vom Leben und Sterben des Königskindes. Effi Briest oder der Familienroman als analytisches Drama. Fontaneblätter 72 (2001), S. 42–93.

[80] Effi Briest wie Anm. 14. Achtes Kapitel. S. 66.

Umgebung von Swinemünde

Fontane hat während seiner in Swinemünde verlebten Jugendjahre auch Orte in der näheren und weiteren Umgebung der Stadt kennen gelernt. Obwohl ein Eingehen auf solche Stätten über den Rahmen eines Stadtrundgangs hinaus geht, sollen hier doch einige Hinweise gegeben werden. Von Ausflügen im Umkreis von Swinemünde erzählt Fontane nicht nur in seiner Autobiographie, sondern die besuchten Örtlichkeiten sowie die dort empfangenen Eindrücke haben, mehr oder weniger verschlüsselt, auch Eingang in seine Dichtungen gefunden. Das wohl bekannteste Beispiel ist ein Ausflug der Fontanes nach der zwischen Schmollensee und Achterwasser gelegenen Oberförsterei Pudagla,[81] der in »Effi Briest« durch eine Schlittenpartie nach der *Oberförsterei Uvagla* seine Entsprechung findet.[82] Auf beiden Fahrten, der wirklich erlebten wie der erdichteten, gibt es mehr oder weniger dramatische Ereignisse: Bei der Heimkehr von Pudagla gerät man bei Heringsdorf in ein heftiges, Angst einflößendes Unwetter, auf der Rückfahrt von *Uvagla* längs des Strandes drohen die Schlitten im *Schloon*, einer treibsandähnlichen Stelle, stecken zu bleiben oder gar zu versinken.[83] Den Namen *Schloon* hat Fontane von dem zwischen Bansin und Heringsdorf liegenden kleinen Schloonsee entlehnt. Dort gibt es einen über den Strand ins Meer auslaufenden Kanal, der mit dem größeren, landeinwärts liegenden Gothensee in Verbindung steht. Dieser Kanal, der nach dem ersten Oberpräsidenten von Pommern benannte Sack-Kanal, ist in Strandnähe heute verrohrt und führt überdies zumeist nur wenig Wasser. Dass aber damals eine dort bestehende Gefahr nicht nur Fontanes Phantasie entsprungen ist, belegt das Zeugnis eines seiner Zeitgenossen, des Usedomer Pastors Wilhelm Meinhold (1797–1851). In der Beschreibung einer längs des Strandes führenden Wagenfahrt von Koserow nach Heringsdorf heißt es: *Man gewahrt* [...] *eines Baches, oder eigentlich eines Grabens, der aus dem Gothener See kömmt und sich hier ins Meer ergießt. In der Regel erscheint er nur knietief, aber man fahre ja nicht gerade hindurch, weil man in Gefahr gerät, daß die Wagenräder darin plötzlich auf eine solche Weise versin-*

[81] Meine Kinderjahre wie Anm. 2. Elftes Kapitel. S. 105 ff.

[82] Effi Briest wie Anm. 14. Achtzehntes Kapitel. S. 155 ff.

[83] Ebenda. Neunzehntes Kapitel. S. 166.

ken, daß keine Gewalt der Pferde sie wieder zu lichten vermag. [...] *Ursache ist die bindende Kraft des mit Wasser geschwängerten, breiartig gewordenen Meersandes. Man biegt daher links von diesem Bache, der Schlohm genannt, unmittelbar ins Meer ein und umfährt die wenigen Schritte seiner Breite, und zwar ohne alle Gefahr.*[84]

Auch der Gothensee erscheint in »Effi Briest«, jedoch mit dem zu Fontanes Jugendzeit noch üblichen Namen: *Dieser Schloon ist eigentlich bloß ein kümmerliches Rinnsal, das hier rechts vom Gothener See her herunterkommt und sich durch die Dünen schleicht.*[85]

Bei der Beschreibung des Ausflugs nach Pudagla erwähnt Fontane die sagenhafte Stadt Vineta, auf die er in mehreren Romanen immer wieder Bezug genommen hat.[86] Es heißt da: *Nach dem Strand hin, in einiger Entfernung, erhob sich der Streckelberg, der höchste Berg dieser Gegenden, zu dessen Füßen Vineta gelegen haben soll.* Der Streckelberg ist in der Tat die höchste Erhebung der Insel Usedom, die östlich des heutigen Badeortes Koserow eine bis zu 60 Meter hohe Steilküste bildet. Vor dieser Küste befand sich ein aus großen Findlingen bestehendes Riff, dessen in scheinbarer Ordnung liegende Steine lange Zeit als die Trümmer der im Meer versunkenen Stadt angesehen und das Riff deshalb als Vinetariff bezeichnet wurde.[87] Wie stark die Sage ins Bewusstsein der Menschen eingedrungen war, zeigt sich daran, dass auf den Landkarten vergangener Jahrhunderte an dieser Stelle das einstige Vineta als kleine Insel vor der Küste von Usedom verzeichnet war. Zwar begannen sich im 19. Jahrhundert erste Zweifel an der Wahrheit der überlieferten Geschichte von Vineta zu regen, aber die Erkenntnis, dass die an das Vinetariff geknüpften Überlieferungen in das Reich der Fabel gehören, begann sich erst ganz allmählich durchzusetzen.[88]

So war die Vinetalegende zu Fontanes Zeiten in Swinemünde nicht nur

[84] MEINHOLD, Wilhelm: Humoristische Reisebilder von (der Insel) Usedom. Stralsund 1837. S. 113.

[85] Effi Briest wie Anm. 14. S. 167.

[86] Vgl. VAHLEFELD, Elsbeth, wie Anm. 31. S. 33 ff.

[87] Das Vinetariff war in früheren Zeiten, als seine Klippen noch aus der Wasserfläche herausragten, eine gefürchtete Gefahrenstelle für die Schifffahrt. Erst in den Jahren um 1820 wurden dort zahlreiche Steine entnommen und für den Bau der Swinemünder Molen verwendet.

[88] Erst im 20. Jahrhundert wurde durch deutsche und später durch polnische Grabungen festgestellt, dass die Wurzeln der Sage von Vineta in Wollin, dem früheren, mehrfach zerstörten Julin liegen.

bekannt, sondern sie dürfte auch weitestgehend als glaubwürdig betrachtet worden sein. In seinem Bericht über den Privatunterricht mit den Kindern des Kommerzienrats Krause erzählt Fontane, dass der Lehrer, Dr. Lau, seine Schüler gefragt habe, ob sie denn wüssten, wo Vineta gelegen hat. Die Antwort: *Wir sagten ihm, was ihn erheiterte, daß wir zu Boot über die Stelle hingefahren wären.*[89] Die *Erheiterung* des Lehrers muss man wohl dahingehend deuten, dass er dieser Behauptung nicht recht Glauben schenkte. Sie darf jedoch als durchaus realistisch betrachtet werden, denn zeitgenössische Quellen berichten von Fahrten, bei denen Interessierte von Koserow aus *die Trümmer von Vineta in Begleitung kundiger Fischer beschifft* haben. Gerade in den Tagen der Ankunft der Familie Fontane in Swinemünde, Ende Juni 1827, hatte sogar der spätere König Friedrich Wilhelm IV. das Vinetariff besucht und ließ sich von dem Pastor zu Koserow, Wilhelm Meinhold, einem überzeugten Verfechter der überkommenen Vorstellungen, die ›Ruinen‹ von Vineta erklären.[90] Es ist anzunehmen, dass auch der junge Fontane zusammen mit den Krauseschen Kindern einmal an einer solchen Bootsfahrt zum Vinetariff teilgenommen hatte.

[89] Meine Kinderjahre wie Anm. 2. Dreizehntes Kapitel. S. 129.

[90] GADEBUSCH, Wilhelm Ferdinand: Chronik der Insel Usedom. Anklam 1863. S. 21 (Anmerkung). MEINHOLD, Wilhelm wie Anm. 84. S. 76. Vgl. auch ROLFS, Peter August (Hg.): Die Insel Usedom. Langensalza-Berlin-Leipzig 1933. S. 45.

Die »metallne Kugel auf dem Golm«

Zum Schluss sei hier noch eine Anmerkung zu dem in »Meine Kinderjahre« erwähnten Golm angefügt. Der Golm ist eine aus sonst ebenem Gebiet auf eine Höhe von fast 60 Metern ansteigende, bewaldete Erhebung. Er liegt ganz nahe bei Swinemünde, unmittelbar an der heutigen deutsch-polnischen Grenze, jedoch noch im deutschen Teil der Insel Usedom. Fontane erzählt im neunten Kapitel von einer Nachmittagspartie *nach dem in der Nähe des Haffs und des »Golms« gelegenen Dorfe Camminke,* wo es eine Restauration und sogar *eine vielbesuchte Kegelbahn* gab. Einige Sätze weiter heißt es: *Sank dann die Sonne drüben am Walde, so schwamm der nach Westen liegende Golm in einem roten Licht, und die metallne Kugel auf seiner hohen Säule sah, als wäre sie golden, auf das Dorf* [...] *hernieder.*[91] Über die nähere Beschaffenheit und Bedeutung der *metallnen Kugel* und der *hohen Säule* verrät Fontane nichts. Was also ist darunter zu verstehen? Diese Frage dürfte für Leser, die mit der Örtlichkeit des Golms und dessen Geschichte nicht vertraut sind, ein Rätsel sein. Der Golm war wegen der schönen Aussicht auf die Stadt, das Land und das Meer schon lange ein beliebtes Ausflugsziel. Es fehlte allerdings noch an einem »Etablissement«, also der Möglichkeit, einzukehren. Ein solches Etablissement entstand erst nach der Swinemünder Zeit Fontanes in Gestalt eines im Jahre 1834 erbauten Pavillons.[92] Aber es gab dort schon vorher ein bemerkenswertes Bauwerk. Das war ein 1821 errichtetes Denkmal zur Erinnerung an die hundert Jahre zuvor erfolgte Vereinigung des bis dahin schwedischen Teils von Vorpommern mit dem preußischen Teil von Pommern. Das Kernstück dieses Denkmals, dessen Bau übrigens durch den Kommerzienrat Krause angeregt worden war, bildete eben jene Säule. Sie hatte eine Höhe von mehr als 15 Metern und trug an ihrer Spitze, wie es in einem zeitgenössischen Bericht heißt, einen *metallenen Knopf, worauf ein schwarzes, weißgerändertes Kreuz ruht.*[93] Diese Beschreibung entspricht genau der Darstellung auf einem Ölgemälde

[91] Meine Kinderjahre wie Anm. 2. Neuntes Kapitel. S. 85/86.

[92] HANNES, Hellmut, wie Anm. 12. S. 59ff.

[93] Ebenda, S. 26.

von jenem Bauwerk, das der Berliner Maler Wilhelm Schirmer im Jahre 1826 geschaffen hat.[94]

Übrigens ist die kurze Erwähnung durch Theodor Fontane das späteste Zeugnis der Existenz des Denkmals, der dadurch auch eine besondere historisch-dokumentarische Bedeutung zukommt. In einem 1828 erschienenen Buch von dem Swinemünder Arzt Dr. Richard Kind, dem Hausarzt der Familie Fontane, in dem alle *Vergnügungsorte* der Umge-

Der Golm bei Swinemünde, Stahlstich von Rosmäsler, 1837

bung beschrieben sind, ist zwar vom Golm, nicht aber von dem Denkmal die Rede, was gewiss der Fall gewesen wäre, wenn dasselbe zu der Zeit noch bestanden hätte.[95] Demnach ist das Denkmal, durch welche zerstörenden Einflüsse auch immer, zwischen 1827 – der Ankunft Fontanes in Swinemünde – und 1828 – dem Erscheinungsjahr des Buches von Kind –, also nur wenige Jahre nach seiner Errichtung wieder verschwunden gewesen.

[94] Ebenda, S. 23ff.

[95] KIND, Richard, wie Anm. 59. S. 128.

Man kann sich die Frage stellen, aus welchem Grund der so geschichtsbeflissene Fontane im Zusammenhang mit jener *hohen Säule* und der *metallnen Kugel* nicht die Gelegenheit zu historischen Erörterungen

Blick vom Golm auf die Swinemündung.
Lithographie von Hintze nach einem Ölgemälde von Wilhelm Schirmer 1826.
Am rechten Rand das Denkmal mit der von der »metallenen Kugel« bekrönten Säule

ergriffen hat, wie er es bei anderen Gelegenheiten so gerne und ausgiebig tat. Ob er die Bedeutung des Denkmals als Knabe nicht gekannt und auch später, fern von Swinemünde, keine Kenntnis davon erhalten hat? Vielleicht war es so, vielleicht auch nicht. Diese Frage wird wohl für immer unbeantwortet bleiben müssen.
Heute kann man nicht vom Golm sprechen, ohne auf die gegenwärtigen Verhältnisse dort hinzuweisen. Von einer Vergnügungsstätte, wie sie bis zum Zweiten Weltkrieg bestand, kann keine Rede mehr sein. Auf der Golmhöhe wurden die Opfer des verheerenden Luftangriffs

auf Swinemünde am 12. März 1945, bei dem Tausende von Menschen ihr Leben verloren, beigesetzt. Später entstand dort eine Gedenkstätte, die an jene Toten und die Opfer von Krieg und Gewalt überhaupt erinnern soll.[96] Damit steht dort wieder, wie schon vor 180 Jahren, ein Geschichtsdenkmal, allerdings mit völlig anderem Sinngehalt als damals. Ein Besuch des Golms lohnt allein schon wegen der beeindruckenden Kriegsgräberstätte,[97] für den Fontanefreund aber darüber hinaus durch den Blick von der Höhe auf die Swinemündung mit der Stadt, in welcher der Dichter einst seine Kindheitsjahre verlebte, und schließlich durch das Bewusstsein, an einem Ort zu stehen, den Theodor Fontane gekannt und sicher auch geschätzt hat.

[96] SIMON, Ingeborg (Hrsg.): Der Golm auf Usedom. Wahrzeichen, Ausflugsziel und Gräberstätte. Greifswald 1996. Darin insbesondere: HANNES, Hellmut: Der Golm im 19. Jahrhundert – seine Entdeckung als Ausflugsziel der Swinemünder. SIMON, Ingeborg: Der Golm wird zur Kriegsgräberstätte.

[97] Man erreicht die Gedenkstätte Golm von Ahlbeck aus über die Dörfer Zirchow, Garz und Kamminke. Die Fahrstrecke ist ausgeschildert.

Persönliches Nachwort des Verfassers

Mit der hier vorliegenden Publikation hat sich für mich, der ich in Swinemünde geboren und aufgewachsen bin, ein lange gehegter Wunsch erfüllt. Nur wenige Schritte vom einstigen Fontane-Haus entfernt, in der Kleinen Kirchenstraße, jener – um mit Fontane zu reden – *an unserer Hausecke beginnenden Querstraße an den Strom*, wurde ich 1925 geboren, fast genau ein Jahrhundert nachdem die Fontanes hier ihren Einzug in die damalige Adlerapotheke gehalten hatten. So verbrachte ich meine erste Jugendzeit in demselben Milieu, wie es von Fontane für die Zeit seiner Kinderjahre geschildert worden ist. Dabei hatte sich das Lokalkolorit in jenen hundert Jahren wohl weit weniger verändert als in den seit meiner Kindheit vergangenen acht Jahrzehnten. Meine Spiele führten mich an dasselbe Bollwerk mit den Stettiner Dampfern, den Fischerbooten und nicht zuletzt auch mit jenen Uferabsenkungen, den von Fontane erwähnten *Klappen*, nur dass man dort nicht mehr *die Mädchen wäschespülend bei der Arbeit sah.* Diese Klappen sind zum Teil auch heute noch vorhanden, werden aber von nicht alteingesessenen Swinemündern wohl kaum als ein »Fontane-Relikt« empfunden. Auch das Haus der einstigen Adlerapotheke, in dem sich nun ein Feinkostgeschäft befand, habe ich als Kind oft betreten.

So habe ich Fontanes »Meine Kinderjahre« immer auch als ein Erinnerungsbuch für meine eigene Kindheit und Jugend wahrgenommen. Und als ich mich später, besonders nach Beendigung meiner Berufstätigkeit, eingehend mit der Geschichte meiner pommerschen Heimat und besonders meiner Vaterstadt beschäftigte, wurde mir nicht zuletzt durch die Jugenderinnerungen Theodor Fontanes auch das Swinemünde der Biedermeierzeit mit seinem Stadtbild und vor allem mit seiner gesellschaftlichen Struktur zu einer Art ›zweiten Heimat‹. Dies hat mir übrigens, das sei hier nur am Rande gesagt, die Bewältigung des kriegsbedingten Verlustes meiner eigentlichen Heimat erleichtert.

Schon lange war es ein von mir gehegter Gedanke, meine alten Swinemünder Ortskenntnisse und persönlichen Erinnerungen mit dem inzwischen erworbenen Wissen um die einschlägigen Werke des von mir sehr geschätzten Dichters zu verbinden. Dass sich dieser Wunsch nunmehr verwirklicht hat, verdanke ich nicht zuletzt Frau Elsbeth Vahlefeld, einer engagierten Fontanekennerin im westfälischen Dorsten. Durch eine von ihr initiierte und inhaltlich von mir vorbereitete, auf Fontanestätten zielende Führung durch Swinemünde/Świnoujście hat sie mich zu dieser Studie angeregt und lebhaften Anteil daran genommen.* Zu danken habe ich wie stets auch meiner Frau Jutta Hannes für die immerwährende Unterstützung und Begleitung meiner Arbeit sowie dem Thomas Helms Verlag für die sorgfältige und sachgerechte Ausstattung der Veröffentlichung.

Beedenbostel bei Celle, 2009.

* Die Führung erfolgte im Mai 2007 im Rahmen einer Tagung zum Thema »Mit Theodor Fontane in Pommern«, veranstaltet von der Stiftung der Europäischen Akademie in Külz/Kulice gemeinsam mit dem Verein zur Förderung der deutsch-polnischen Zusammenarbeit e. V.